할 수 있다!

# 컴퓨터
## 기초 (Windows 10)

# 이 책의 구성

## 04 윈도우 기본기 익히기

- 바로 가기 아이콘
- 아이콘 숨기기
- 아이콘 정렬
- 작업 표시줄 크기 조정
- 작업 표시줄 이동
- 작업 표시줄 숨기기
- 고정된 앱 추가/제거

### 미·리·보·기

아이콘 생성, 정렬 등 바탕 화면의 아이콘을 관리하는 방법과 작업 표시줄의 크기 조정,

위치 이동 등 작업 표시줄을 관리하는 방법을 알아보겠습니다. 바탕 화면의 아이콘과 작

업 표시줄을 모두 숨겨서 화면을 깨끗하고 넓게 사용하는 방법도 함께 알아봅니다.

54

### 학습 포인트 ✍

이번 장에서 학습할 핵심 내용을 소개합니다.

### 미리보기 ✍

학습 결과물을 미리 살펴봅니다.

---

## 02 그림판 다루기

▶ 도형으로 그림 그리기

**01** [시작(⊞)]-[Windows 보조프로그램]-[그림판]을 선택합니다.

**02** '그림판' 앱이 실행됩니다. [그림판] 창에 빈 작업 창이 열려 있습니다. **작업 창의 모서리를**
**드래그하여 '818×460px'로 설정합니다.** [홈] 탭-[도구] 그룹-[색 채우기(🪣)]를 클릭한 후
[색] 그룹의 [색1]을 클릭합니다. 색상표에서 [노랑]을 선택한 후 작업 창을 클릭합니다.

114

### ✍ 예제 따라 하기

실생활에서 활용할 수 있는 예제를 순서대로
따라 할 수 있도록 구성하여 누구나 쉽게 이해
하고 기능을 습득할 수 있습니다.

**잠깐**

본문에서 다루지 못한 내용이나 알아두면
유용한 내용을 설명합니다.

**응용력 키우기**

응용문제를 통해 본문에서 학습한 내용을
정리하고 복습합니다.

**힌트**

응용문제를 푸는데 필요한 정보 또는 방법
을 안내합니다.

# 이 책의 목차

# 01 컴퓨터와 친해지기

## 미/리/보/기

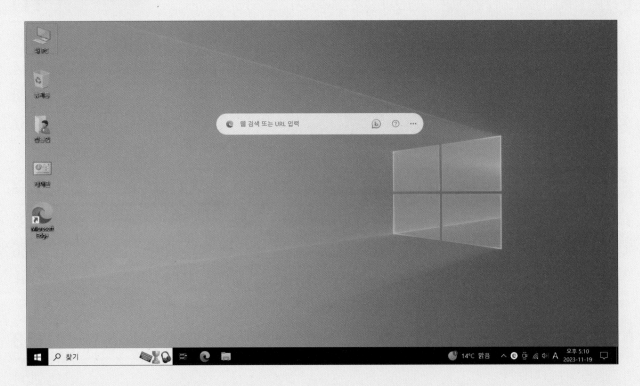

문서를 작성하거나 영화를 보기 위해서는 컴퓨터 장치와 컴퓨터를 효율적으로 운영할 수 있는 프로그램인 운영체제가 필요합니다. 이번 장에서는 컴퓨터를 본격적으로 사용하기 전에 컴퓨터의 장치 구성과 운영체제 중 '윈도우'의 화면 구성과 기능을 살펴보겠습니다.

컴퓨터를 바르게 켜고 끄는 것부터 시작해 봅니다.

# 01 윈도우, 너란 존재는?

## ▶ 컴퓨터(Computer)

정보 검색, 뉴스 읽기, 게임, 이메일 등 우리는 일상생활 곳곳에서 컴퓨터를 사용하고 있습니다. 이러한 컴퓨터는 '하드웨어(hardware)'라고 불리는 여러 가지 기계들이 서로 연결되어 하나의 시스템(system)을 이루고 있습니다. 하드웨어는 손으로 만질 수 있는 형태가 있는 장치로, 컴퓨터 본체를 비롯하여 모니터, 프린터, 마우스, 키보드와 같은 것을 말합니다. 그러나 하드웨어만으로는 아무 것도 할 수가 없습니다. 만질 수는 없지만 컴퓨터 장치에 명령할 수 있는 프로그램인 '소프트웨어(software)'가 있어야 컴퓨터 시스템을 효율적으로 운영할 수 있으며, 문서도 만들고 영화도 볼 수 있습니다. 소프트웨어는 윈도우나 한글, 마이크로소프트 엣지, 동영상 플레이어 등과 같은 것을 말합니다.

▲ 하드웨어                                                                ▲ 소프트웨어

## ▶ 운영체제

소프트웨어 중에는 사용자가 컴퓨터를 손쉽게 쓸 수 있게 도와주는 동시에 컴퓨터 시스템을 효율적으로 운영하게 헤 주는 '시스템 소프트웨어'가 있습니다. 대표적인 시스템 소프트웨어로는 운영체제(Operating System)가 있습니다.

▲ 윈도우(Windows)

다양한 운영체제가 있으며 대표적으로 마이크로소프트사에서 개발한 '윈도우', 애플사에서 개발한 'iOS' 운영체제가 있습니다.

▲ iOS

윈도우는 컴퓨터에 명령을 내릴 때 키보드로 문자를 일일이 입력해 작업을 수행하는 명령어 인터페이스 대신 마우스로 아이콘 및 메뉴 등을 클릭해 명령할 수 있는 그래픽 사용자 인터페이스를 지원합니다. 'Windows', 즉 '창문들'이라는 이름 그대로 한 화면에서 여러 개의 창을 동시에 열어 작업할 수 있는 멀티태스킹 기능을 제공하며, 현재는 PC뿐 아니라 모바일 기기에도 작동되는 윈도우 10을 개발하여 서비스하고 있습니다.

▲ 명령어 인터페이스(도스)

▲ 그래픽 사용자 인터페이스(윈도우)

**응용 소프트웨어**
운영체제에서 실행되는 모든 소프트웨어를 뜻하며, 문서를 작성할 수 있는 한글, 인터넷을 할 수 있는 마이크로소프트 엣지, 동영상을 볼 수 있는 동영상 플레이어 등이 있습니다.

## ▶ 컴퓨터 기본 구성 장치

컴퓨터 시스템은 기본적으로 컴퓨터 본체와 모니터, 키보드, 마우스로 구성되며, 프린트나 스피커 등과 같은 주변 장치를 포함합니다.

### ❶ 컴퓨터 본체(Desk)

본체 내부에는 컴퓨터를 작동하기 위한 하드웨어 장치들이 장착되어 있습니다.

### ❷ 모니터(Monitor)

컴퓨터의 출력 장치로, 컴퓨터에서 처리한 결과를 보여
줍니다.

### ❸ 키보드(Keyboard)

컴퓨터의 입력 장치로, 컴퓨터가 동작하도록 지시를 내
리거나 글자를 입력하여 문서를 작성합니다.

### ❹ 마우스(Mouse)

컴퓨터의 입력 장치로, 모양이 쥐(mouse)와 비슷하다
고 하여 붙여진 이름입니다. 컴퓨터 화면 위에서 커서
또는 아이콘 등을 이동하거나 앱(프로그램)을 실행/종
료할 때 사용합니다.

### ❺ 프린터

컴퓨터의 출력 장치로, 컴퓨터에서 처리된 정보를 사람
이 볼 수 있는 형태로 인쇄합니다.

### ❻ 스피커

컴퓨터의 출력 장치로, 컴퓨터와 연결하여 소리를 재생
하는 역할을 합니다.

## ▶ 바탕 화면의 구성 알아보기

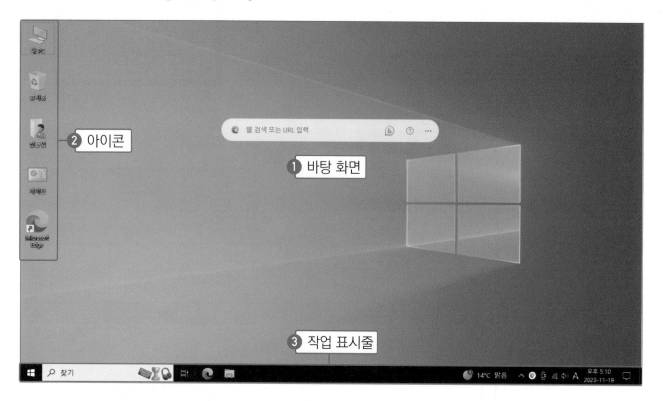

❶ 바탕 화면 : 윈도우가 시작되면 보이는 가장 기본 화면입니다.

❷ 아이콘 : 앱(프로그램)이나 기능을 알기 쉽도록 그림 형태로 표현합니다.

❸ 작업 표시줄 : 화면 하단에 나타나는 [시작(⊞)] 버튼을 포함한 긴 막대 모양의 줄입니다.

## ▶ 작업 표시줄의 구성 알아보기

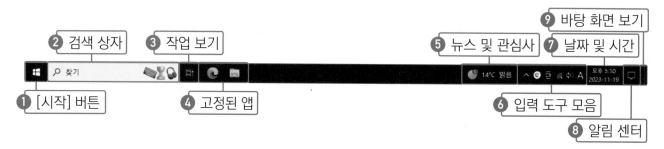

❶ [시작] 버튼 : 시작 메뉴와 모든 앱, 시작 화면으로 구성되어 있습니다.

❷ 검색 상자 : 앱(프로그램)은 물론 파일, 폴더, 인터넷까지 여러 가지를 검색할 수 있습니다.

❸ 작업 보기 : 현재 사용하고 있는 창을 한눈에 보여 줍니다. 다른 작업 창으로 전환할 수 있고, 새 데스크톱을 실행할 수 있습니다.

❹ 고정된 앱 : 작업 표시줄에 고정된 앱(프로그램)으로, 클릭 한 번으로 빠르게 앱을 실행할 수 있습니다. 자주 사용하는 앱을 추가하거나 삭제할 수 있습니다.

❺ 뉴스 및 관심사 : 현재 지역의 날씨 위로 마우스를 가져가면 뉴스 및 관심사를 볼 수 있습니다.

**6** 입력 도구 모음 : 충전 상태, 인터넷 연결 상태, 각종 외부기기의 연결 상태 등을 확인할 수 있습니다. 한글과 영문 전환을 할 수도 있습니다.

**7** 날짜 및 시간 : 현재 날짜 및 시간을 확인할 수 있습니다.

**8** 알림 센터 : 각종 알림 및 설정을 제어할 수 있으며, 새로운 알림은 숫자로 표시됩니다.

**9** 바탕 화면 보기 : 모든 창을 최소화하고 바탕 화면을 볼 수 있습니다.

**검색 상자에서 검색하기**

• 검색 상자에서 문자열을 입력하여 검색하면 앱, 웹 검색, 폴더, 문서 등으로 분류하여 찾아 줍니다. 사용자는 이 목록을 보고 원하는 파일이나 앱(프로그램)을 찾아 사용할 수 있습니다.

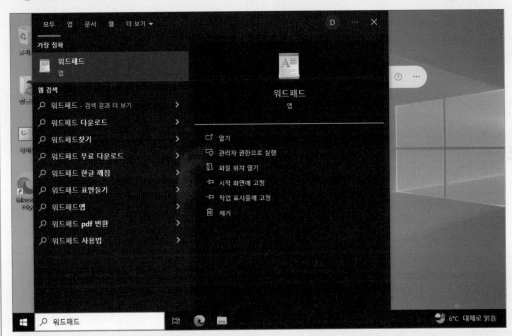

• 검색 상자가 보이지 않을 경우 작업 표시줄의 빈 공간을 마우스 오른쪽 버튼으로 클릭해 나타나는 바로 가기 메뉴에서 [검색]-[검색 상자 표시]를 선택하여 표시합니다.

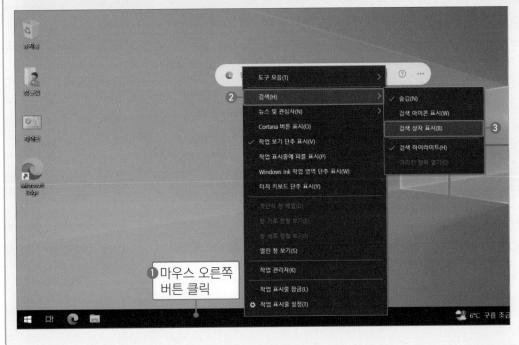

# 컴퓨터와의 첫 만남

## ▶ 컴퓨터 켜기

**01** 컴퓨터 본체의 전원과 모니터의 전원을 각각 누릅니다.

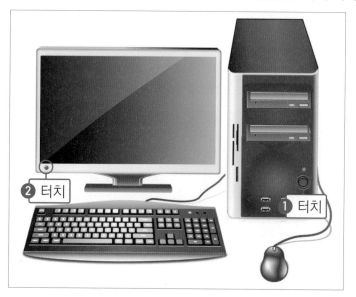

잠깐 컴퓨터에 스피커가 연결되어 있다면 스피커의 전원도 켜 줍니다.

**02** 컴퓨터가 부팅되고 운영체제의 잠금 화면이 나타나면 화면 **아무 곳이나 클릭**합니다.

잠깐 사용자 컴퓨터의 환경에 따라 처음 나타나는 화면이 다를 수 있습니다. 로그인을 요청하거나 암호를 요청하는 화면이 표시될 수도 있습니다.

## ▶ 컴퓨터 종료하기

**01** 컴퓨터를 종료하기 위해서 먼저 작업 표시줄의 [시작(■)] 버튼을 클릭합니다.

**02** [전원(⏻)]을 클릭한 후 [시스템 종료]를 선택하여 윈도우를 종료합니다.

 컴퓨터 시스템을 종료할 때는 먼저 모든 앱(프로그램)을 종료해야 합니다. 만약 종료되지 않은 앱이나 저장하지 않은 파일이 있으면 돌아가서 저장한 후에 종료하라는 경고음과 경고 메시지가 나타납니다.

 **시스템 종료**
- **절전** : PC가 켜져 있지만 저전원 상태입니다. 앱(프로그램)이 실행 중이므로 절전 모드를 해제하면 바로 이전 상태로 되돌아갑니다.
- **시스템 종료** : 앱을 모두 닫고 컴퓨터를 종료합니다.
- **다시 시작** : 앱을 모두 닫고 컴퓨터를 다시 시작합니다.

**01** 컴퓨터 장치의 이름을 적어 봅니다.

**02** 다음 장치가 입력 장치인지 출력 장치인지 구분해 적어 봅니다.

**03** 사용자가 컴퓨터를 손쉽게 사용할 수 있도록 도와주는 동시에 컴퓨터 시스템을 효율적으로 운영하게 해 주는 시스템 소프트웨어에 ○표를 해 봅니다.

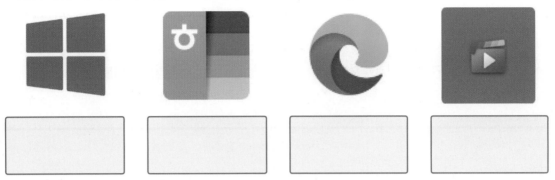

**04** 바탕 화면을 구성하는 요소들의 이름을 적어 봅니다.

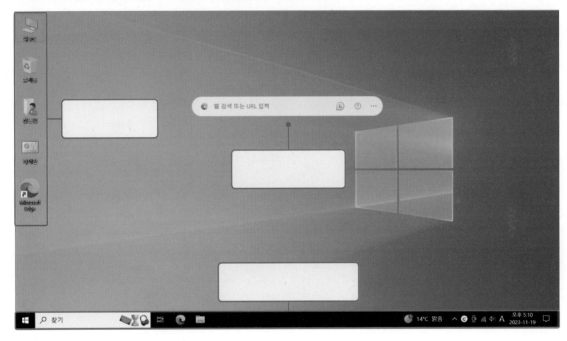

**05** 작업 표시줄의 어디를 클릭하면 다른 앱에서 작업하는 도중에도 바로 바탕 화면으로 이동할 수 있는지 해당 번호를 적어 봅니다.

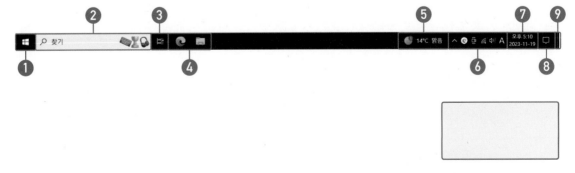

# 02 마우스랑 키보드랑 놀기

- 마우스 사용법
- 마우스 연습 사이트 검색
- 마우스 동작 연습

- 키보드 사용법
- 한컴 타자연습 사이트 검색
- 한컴 타자연습

## 미/리/보/기

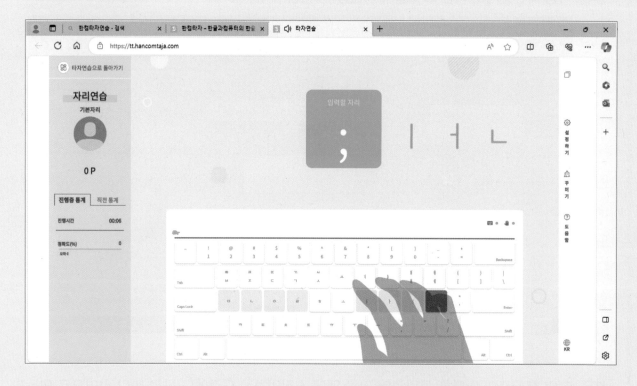

컴퓨터를 잘 다루려면 먼저 마우스와 키보드를 잘 다룰 수 있어야 합니다. 게임을 통해 클릭, 드래그 등 마우스 동작을 연습하고, 타자연습 사이트에서 자리 연습과 낱말 및 문장을 입력하는 연습을 하며 키보드 사용법을 익혀 보겠습니다.

# 01 마우스와 키보드 살펴보기

## ▶ 마우스의 구성 알아보기

마우스를 움직이면 모니터 화면 속의 마우스 포인터가 움직입니다. 주로 마우스의 왼쪽과 오른쪽의 버튼을 이용하여 명령을 내립니다.

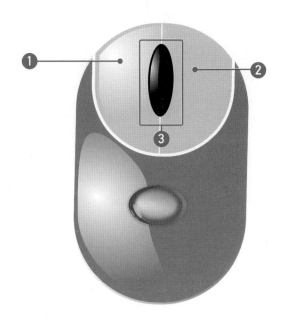

❶ **왼쪽 버튼** : 집게손가락으로 버튼을 한 번 또는 두 번 빠르게 눌러 사용하거나 버튼을 누른 채 마우스를 끌어서 사용합니다. 선택하거나 이동 또는 실행할 수 있습니다.

❷ **오른쪽 버튼** : 가운뎃손가락으로 버튼을 한 번 눌러 사용합니다. 바로 가기 메뉴를 불러올 수 있습니다.

❸ **휠** : 집게손가락이나 가운뎃손가락을 사용하여 위쪽이나 아래쪽으로 휠을 돌려서 사용합니다. 상하 막대(스크롤 바)를 이동할 때 사용합니다.

**잠깐**

### 마우스 포인터의 모양
마우스 포인터의 모양에 따라 사용 중인지, 수직/수평 방향으로 크기 조절을 해야 하는지 등의 상태를 알 수 있습니다. 컴퓨터로 작업하면서 여러 가지 마우스의 포인터 모양을 볼 수 있습니다.

| 일반 선택 | ▸ | 텍스트 선택 | I | 대각선 크기 조절 | ⤢ ⤡ |
|---|---|---|---|---|---|
| 도움말 선택 | ▸? | 사용할 수 없음 | ⊘ | 이동 | ✥ |
| 사용 중 | ◯ | 수직/수평 크기 조절 | ↕ ↔ | 연결 선택 | ☝ |

## ▶ 마우스 사용법 알아보기

손가락과 손바닥으로 마우스를 감싸듯이 쥐어 사용합니다.

- 클릭 : 마우스 왼쪽 버튼을 한 번 누르는 동작입니다.

- 더블 클릭 : 마우스 왼쪽 버튼을 빠르게 두 번 누르는 동작입니다.

- 드래그 : 마우스 왼쪽 버튼을 누른 채 움직이는 동작입니다.

- 오른쪽 버튼 클릭 : 마우스 오른쪽 버튼을 한 번 누르는 동작입니다.

- 스크롤 : 휠을 위쪽이나 아래쪽으로 돌리는 동작입니다.

## ▶ 키보드의 구성 알아보기

기본적으로 알아 두어야 할 키와 기능을 살펴봅니다.

❶ Esc (이에스씨) : 작업을 취소하거나 그 전 단계로 복귀합니다.

❷ Tab (탭) : 정해진 위치만큼 커서를 이동합니다.

❸ Caps Lock (캡스 락) : 영문 대/소문자를 선택(키보드 오른쪽 숫자 키패드 위의 'Caps Lock'에 불이 들어오면 영문 대문자로 입력됨)합니다.

❹ Shift (시프트) : 키보드의 윗글쇠(예 !, @, #, {, ㄲ, ㄸ, ㅉ, ㅃ, })를 입력할 때 사용하거나 영문 대/소문자를 반전합니다.

❺ Ctrl (컨트롤)/ Alt (알트) : 다른 키와 혼합해서 사용하는 조합 키(예 Ctrl + C = 복사, Ctrl + V = 붙여넣기)입니다.

❻ 한자 : 한글을 한자로 변환합니다.

❼ Space Bar (스페이스 바) : 빈칸을 삽입할 때 사용합니다.

❽ 한/영 : 한 번 누를 때마다 한글/영어를 전환합니다.

❾ Enter (엔터) : 줄을 바꿀 때나 명령을 실행할 때 사용합니다.

❿ Backspace (백 스페이스) : 커서 앞(왼쪽)의 글자를 지울 때 사용합니다.

⓫ Insert (인서트) : 커서의 삽입/수정 상태를 바꿀 때 사용합니다.

⓬ Delete (딜리트) : 커서 뒤(오른쪽)의 글자를 지울 때 사용합니다.

⓭ Num Lock (넘 락) : 숫자 키패드의 사용 여부를 선택합니다.

⓮ 숫자 키패드 : 키보드 오른쪽 숫자 키패드 위에 'Num Lock'에 불이 들어오면 숫자가 입력되고 꺼져 있으면 방향키로 사용합니다.

# 02 마우스 동작 연습하기

**01** 작업 표시줄의 **검색 상자를 클릭**합니다. 커서가 깜박이면 '**minimouse'라고 입력**합니다. 검색 결과에서 [검색 결과 더 보기]를 클릭합니다.

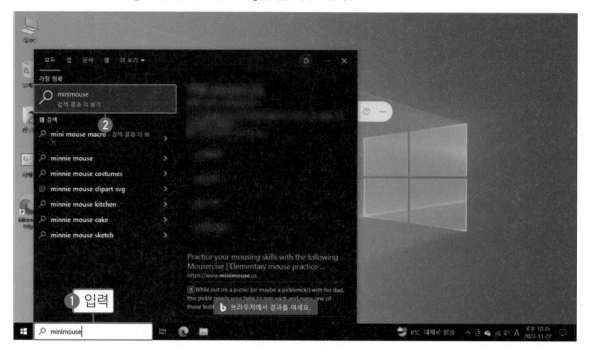

**02** 인터넷이 컴퓨터와 연결되어 있다면 바로 'Microsoft Edge' 앱이 실행되면서 웹에서의 검색 목록이 나타납니다. [Practice your mousing....]을 클릭합니다.

 **잠깐** 'Bing'은 마이크로소프트사에서 제공하는 검색 엔진 서비스입니다. 웹에서 자료를 쉽게 찾을 수 있도록 도와주는 사이트로, 검색 상자와 연결되어 바로 검색할 수 있어서 편리합니다. 네이버, 다음, 구글도 검색 엔진에 해당됩니다.

**03** 사이트가 나타나면 상하 막대(스크롤 바)를 아래로 드래그하거나 마우스의 휠을 아래로 돌려 살펴봅니다. 마우스 오른쪽 버튼을 클릭한 후 바로 가기 메뉴에서 [한국어으(로) 번역]을 선택합니다.

**04** 영문으로 표기된 내용이 한국어로 표기되는 것을 확인할 수 있습니다. 게임에 대한 설명을 읽어 봅니다. 상하 막대(스크롤 바)를 위로 드래그하거나 마우스의 휠을 위로 돌려 화면을 이동합니다.

**05** 마우스 동작을 연습할 수 있는 게임을 직접 해 봅니다. 다시 하려면 [다시 플레이하기] 버튼을 클릭합니다.

**06** 다른 게임을 클릭해 다른 마우스 동작도 연습해 봅니다.

## ▶ '한컴타자' 사이트 접속하기

**01** 작업 표시줄의 **검색 상자**에 '**한컴타자**'라고 입력한 후 검색된 목록 중 **[검색 결과 더 보기]**를 클릭합니다.

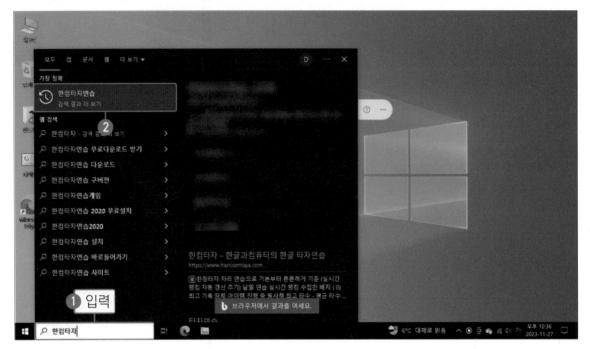

**02** 검색된 웹 사이트 중 '**한컴타자**'를 클릭합니다.

**03** 한컴타자에 접속하면 타자 연습을 하기 위해 메뉴 중 **[타자 연습]**을 클릭합니다.

**04** 최초 실행 시 로딩 시간이 소요되므로 잠시 기다립니다.

**05** 자리연습, 낱말연습, 단문연습, 장문연습을 할 수 있는 화면이 열립니다.

## ▶ 타자 연습하기 : 자리연습

**01** 타자연습 메인 화면에서 [자리연습]-[기본자리]를 클릭합니다.

**02** 메뉴 설명 화면이 나타나면 내용을 확인합니다. 아래쪽의 '해당 내용을 확인하였고, 더 이상 팝업을 보지 않겠습니다.'에 체크한 후 [확인] 버튼을 클릭합니다.

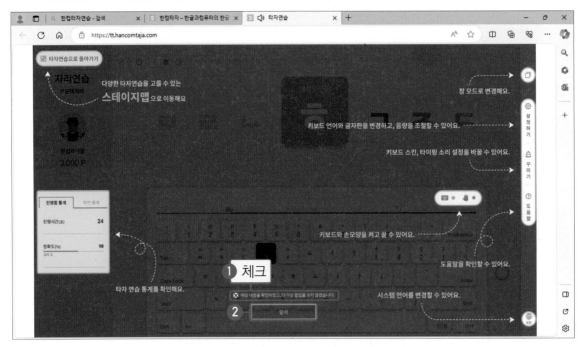

**03** 화면의 키보드에 손 모양이 나타나면 실제 키보드의 같은 자리에 손가락을 위치시킵니다. 제시된 ';'에 알맞은 손가락 위치와 빨간색으로 키의 위치를 화면 키보드에서 알려줍니다. 실제 키보드에서 **해당하는 위치의 키를 누릅니다.** 맞으면 정확도가 올라가고, 틀리면 오타 수가 표시됩니다.

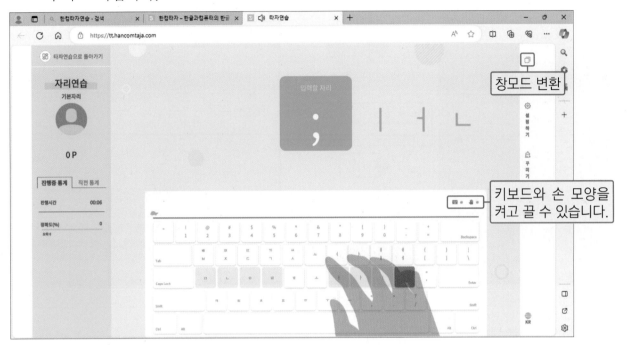

**잠깐**

화면 오른쪽의 [⚙설정하기]를 클릭하면 음량과 글자판을 설정할 수 있습니다.

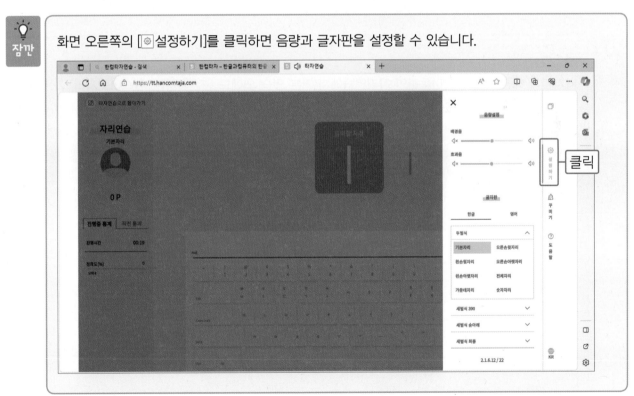

**04** 제시된 글쇠를 모두 입력하면 [도전단계성공] 창이 나타납니다. **정확도, 소요시간, 오타수**
**를 확인**할 수 있습니다. 다른 타자 연습을 하기 위해 **[그만하기] 버튼**을 클릭합니다.

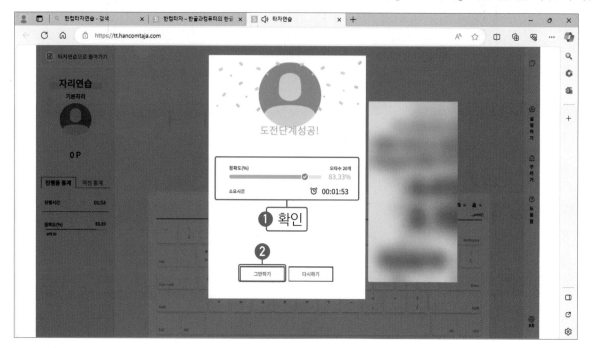

 제시된 글쇠는 연습할 때마다 다릅니다.

 **자리연습**

타자연습 메인 화면으로 이동하면 자리연습에서 기본 연습 외에도 왼손윗자리, 왼속아랫자리, 가운데자
리, 오른손윗자리, 오른손아랫자리, 전체자리, 숫자자리를 각각 선택하여 같은 방법으로 연습할 수 있습
니다.

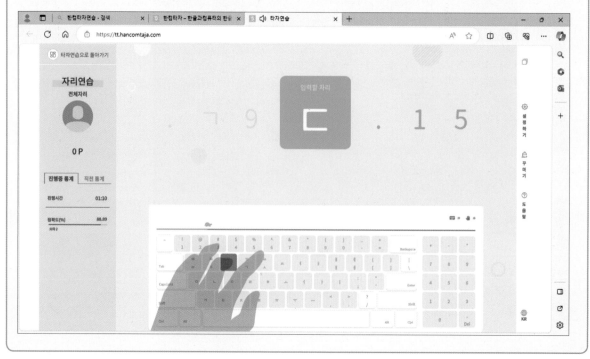

# ▶ 타자 연습하기 : 낱말연습

**01** 타자연습 메인 화면에서 [자리연습]-[낱말연습]을 클릭합니다.

**02** 제시된 낱말에 맞게 키보드의 키를 눌러 **입력**합니다. 제시된 낱말을 입력한 후 Space Bar 키나 Enter 키를 누르고 **다음 낱말을 입력**합니다.

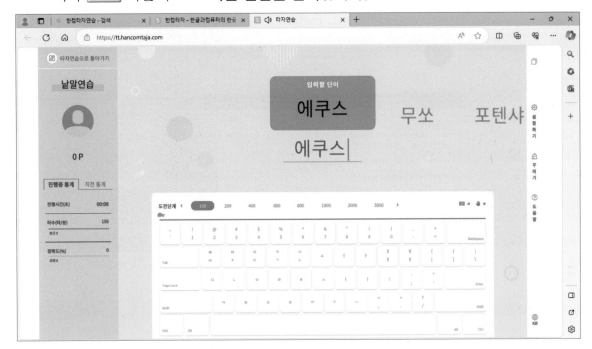

**03** 제시된 낱말을 모두 입력하면 자리연습과 마찬가지로 [도전단계성공] 창이 나타납니다. 타수와 정확도를 확인한 후 [그만하기] 버튼을 클릭합니다.

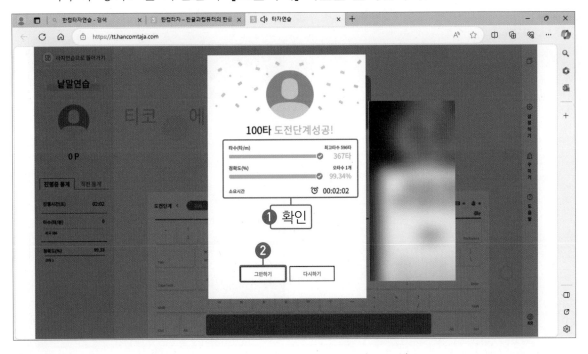

 낱말연습, 단문연습, 장문연습에서는 비회원은 100타를 도전할 수 있습니다. 100타 이상은 회원가입을 한 후 로그인을 해야 도전할 수 있습니다.

## ▶ 타자 연습하기 : 단문연습

**01** 타자연습 메인 화면에서 [자리연습]–[단문연습]을 클릭합니다.

**02** 제시된 문장을 입력하고 각 낱말 사이의 빈칸은 Space Bar 키를 누릅니다. 문장이 끝나면 마침표인 . 키를 누른 후 Space Bar 키나 Enter 키를 누르고 다음 문장을 입력합니다.

**03** 제시된 문장을 모두 입력하면 낱말연습과 마찬가지로 [도전단계성공] 창이 나타납니다. 타수와 정확도, 소요시간을 확인한 후 [그만하기] 버튼을 클릭합니다.

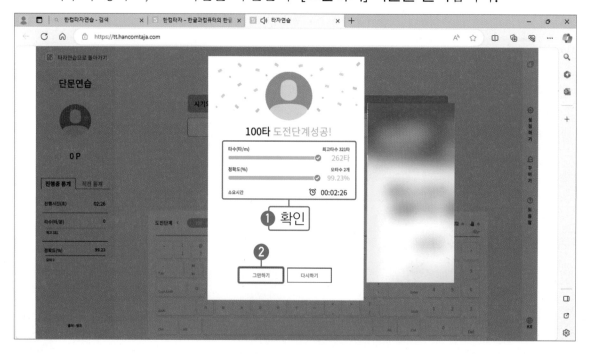

 처음 문장을 연습할 때는 빠르게 입력하는 것보다 정확하게 자리에 맞게 입력하는 것이 중요합니다.

## ▶ 타자 연습하기 : 장문연습

**01** 타자연습 메인 화면에서 [자리연습]–[장문연습]을 클릭합니다.

**02** 제시된 문장을 입력하고 각 낱말 사이의 빈칸은 Space Bar 키를 누릅니다. 문장 내 숫자와 문장 부호까지 정확히 입력해야 합니다. 한 문장이 끝나면 Space Bar 키나 Enter 키를 누르고 다음 문장을 입력합니다.

**03** 제시된 문장을 모두 입력하면 낱말연습과 마찬가지로 [도전단계성공] 창이 나타납니다. 타수와 정확도, 소요시간을 확인한 후 [그만하기] 버튼을 클릭합니다.

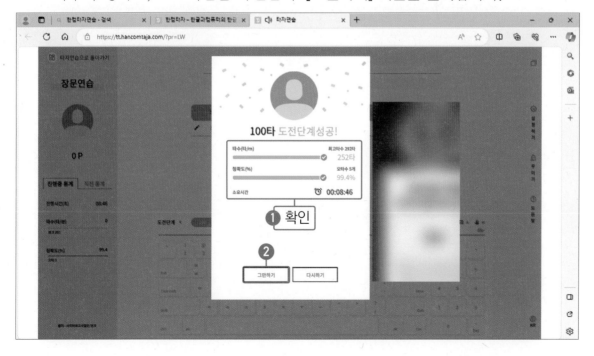

**01** 마우스에서 위쪽이나 아래쪽 방향으로 돌려서 화면을 올리거나 내릴 때 사용하는 것의 위치
를 찾아 해당 번호를 적어 봅니다.

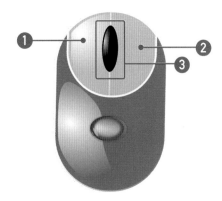

**02** 영문 대/소문자를 반전시킬 때 사용하는 키와 숫자 키패드의 사용 여부에 사용하는 키를 찾
아 각각 적어 봅니다.

• 영문 대/소문자를 반전시킬 때 사용하는 키

• 숫자 키패드의 사용 여부에 사용하는 키

**03** '한컴타자' 사이트에서 [낱말연습]을 실행한 후 손 모양을 끄고 연습해 봅니다. 타수와 정확도를 적어 봅니다.

**04** '한컴타자' 사이트에서 [장문연습]을 실행한 후 연습해 봅니다. 오타수와 소요시간을 적어 봅니다.

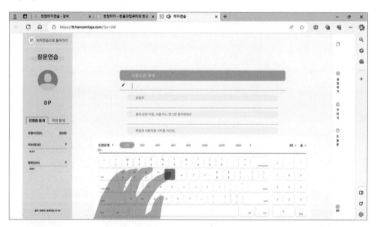

# 03 새로운 창 열기

- 시작 화면에 앱 고정
- 시작 화면에 앱 이동
- 시작 화면에 앱 크기 조정
- 시작 화면에 앱 그룹화
- 창 조절 버튼
- 창 크기 조절
- 창 스냅 기능

## 미/리/보/기

자주 쓰는 앱은 고정하고, 잘 쓰지 않는 앱은 제거하고, 앱을 이동해서 배치하고, 그룹화

하는 등 시작 화면을 구성하는 다양한 방법을 알아보겠습니다. 창의 크기를 조절하고 이

동하는 방법과 윈도우 10의 스냅 기능을 활용하여 한 화면을 4개의 창으로 분할해서 동시

에 작업할 수 있는 방법도 함께 알아보겠습니다.

## 01 [시작] 버튼과 창 살펴보기

### ▶ [시작] 버튼 알아보기

작업 표시줄의 [시작(⊞)] 버튼을 클릭하면 나타나는 메뉴를 살펴보겠습니다.

**❶ 시작 메뉴**

　ⓐ **사용자 계정** : 현재 로그인되어 있는 사용자의 계정을 표시합니다. 윈도우는 여러 명이 사용할 수 있는 운영체제로, 계정을 추가로 만들고 설정할 수 있습니다.

　ⓑ **문서** : 컴퓨터에 문서가 저장되는 장소로 이동합니다.

　ⓒ **사진** : 컴퓨터에 사진이 저장되는 장소로 이동합니다.

　ⓓ **설정** : 윈도우 10의 옵션을 변경할 수 있는 [설정] 창의 [Windows 설정] 화면으로 이동합니다.

　ⓔ **전원** : 컴퓨터를 종료하거나 다시 시작합니다. 또는 절전 모드로 진입할 수도 있습니다.

**❷ 모든 앱** : 컴퓨터에 설치된 응용 프로그램과 유틸리티 항목입니다. 설치된 프로그램과 유틸리티를 이곳에서 실행할 수 있습니다.

**❸ 시작 화면** : 자주 쓰는 프로그램을 따로 모아 관리할 수 있습니다.

## ▶ 창 조절 버튼 알아보기

윈도우에서는 각 앱(프로그램)이 실행될 때 한 화면, 즉 사각형 창에서 실행됩니다. 앱이 달라도 창의 모습은 다음처럼 사각형으로 나타나며 창 조절 버튼으로 창 크기를 조절할 수 있습니다.

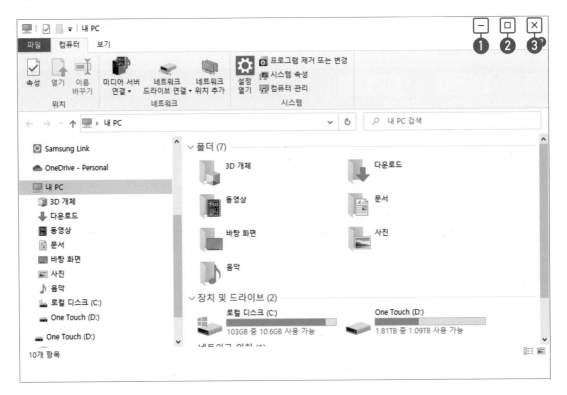

❶ ─(최소화) : 바탕 화면에서 창은 사라지고 작업 표시줄로 최소화합니다.

❷ □(최대화) / ◰(이전 크기로 복원) : 바탕 화면 전체로 화면을 최대화하거나 이전의 창 크기로 되돌립니다.

❸ ×(닫기) : 창을 닫습니다.

잠깐

**▦ 키를 활용한 창 조절 바로 가기 키**

- ▦ + ↑ / ↓ : 사용 중(활성화)인 창을 최소화/이전 크기로 복원/최대화
- ▦ + ← / → : 사용 중(활성화)인 창을 좌우로 이동
- ▦ + Home : 사용 중(활성화)인 창을 제외한 나머지 모든 창을 최소화

# 시작 화면 다루기

## ▶ 시작 화면 크기 조절하기

**01** [시작(⊞)] 버튼을 클릭한 후 **시작 화면의 오른쪽 끝**으로 마우스 포인터를 **이동**합니다. 마우스 포인터의 모양이 ↔ 일 때 드래그합니다.

**02** 원하는 크기일 때 누르고 있는 마우스 버튼에서 손가락을 떼면 크기가 변경됩니다.

## ▶ 시작 화면에 앱 고정하기

**01** 모든 앱에서 시작 화면에 고정하고 싶은 앱을 마우스 오른쪽 버튼으로 클릭합니다. 바로 가기 메뉴가 나타나면 [시작 화면에 고정]을 클릭합니다.

**02** 선택한 앱이 시작 화면에 고정된 것을 확인합니다.

**03** 이번에는 다른 방법으로 앱을 고정해 보겠습니다. 모든 앱에서 시작 화면에 **고정하고 싶
은 앱을 시작 화면으로 드래그**하여 이동시킵니다.

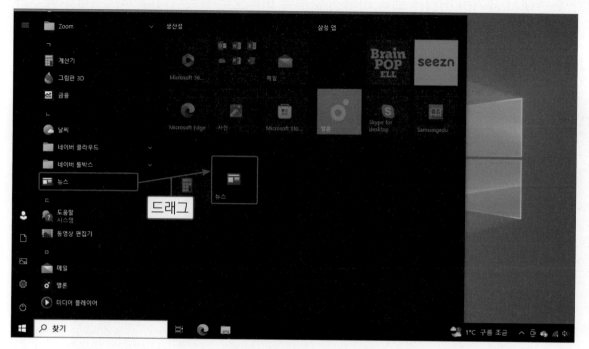

**04** 선택한 앱이 시작 화면에 고정된 것을 확인합니다.

## ▶ 시작 화면의 앱 제거하기

**01** 시작 화면에서 제거하고 싶은 앱을 마우스 오른쪽 버튼으로 클릭합니다. 바로 가기 메뉴가 나타나면 [시작 화면에서 제거]를 클릭합니다.

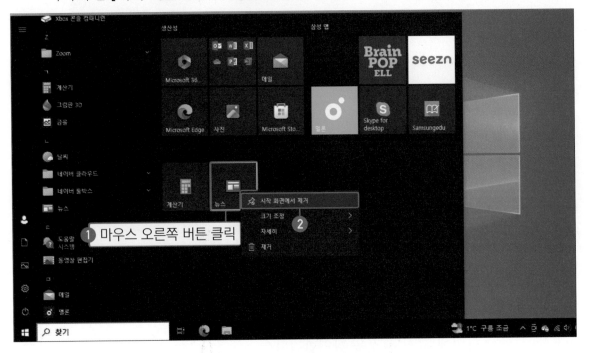

**02** 시작 화면에서 앱이 제거된 것을 확인합니다.

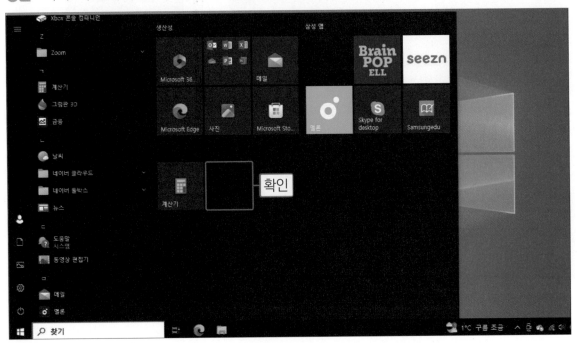

## ▶ 시작 화면에서 앱 이동하고 타일 크기 조정하기

**01** 시작 화면에서 **이동하고 싶은 앱**을 원하는 곳으로 **드래그**하여 이동시킵니다.

**02** 시작 화면에서 **크기를 조정하고 싶은 앱**을 마우스 오른쪽 버튼으로 클릭합니다. 바로 가기 메뉴가 나타나면 **[크기 조정]-[넓게]**를 클릭합니다.

**03** 크기가 넓어진 것을 확인합니다. 원하는 크기대로 시작 화면의 타일 크기를 조정할 수 있습니다.

## ▶ 시작 화면의 앱 그룹화하기

**01** 그룹화하려는 앱을 드래그하여 그룹 구분선이 나타날 때 누르고 있는 마우스 버튼에서 손가락을 뗍니다.

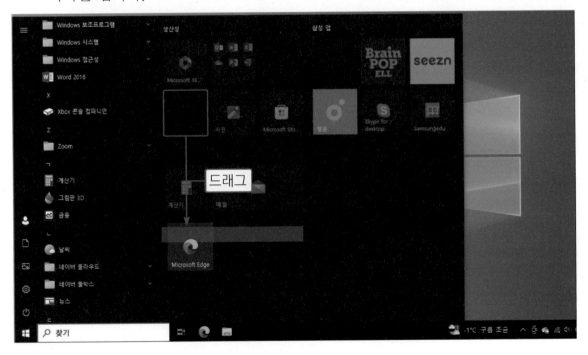

**02** 그룹 구분선을 클릭한 후 이름 상자가 활성화되면 그룹 이름(여기서는 '웹브라우저')을 입력하고 Enter 키를 누릅니다. 그룹으로 구분된 곳에 앱을 추가할 수 있습니다.

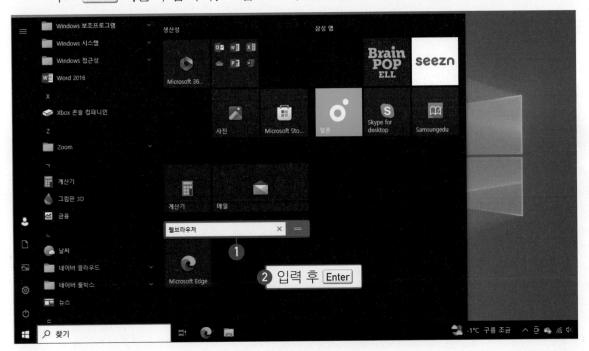

 그룹 구분선의 그룹 이름을 클릭하면 현재 그룹 이름을 지우고 다른 이름으로 입력할 수 있습니다.

 폴더화하고 싶은 앱이 있을 경우 하나의 앱을 다른 앱 위로 포개지게 가져가면 폴더가 만들어집니다. 만들어진 폴더에 원하는 앱을 추가할 수 있습니다.

## ▶ 창 크기 조절하기 : 창 조절 버튼 활용

**01** [시작(⊞)] 버튼을 클릭한 후 시작 메뉴 중 [문서(📄)]를 클릭합니다.

**02** [문서] 창이 바탕 화면에 나타납니다. [문서] 창의 ─(최소화) 버튼을 클릭합니다.

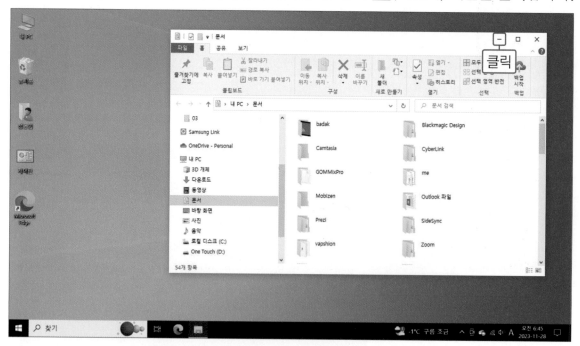

**03** 창이 최소화되고 작업 표시줄에 최소화된 아이콘을 볼 수 있습니다. 아이콘 위로 마우스 포인터를 이동하면 미리 보기 화면이 나타납니다. **작업 표시줄의 아이콘**을 클릭하거나 **미리 보기 화면**을 클릭합니다.

둘 중 하나 클릭

**잠깐**

**창을 최소화하는 다른 방법**

• **방법 1 :** 작업 표시줄에서 최소화하고 싶은 창의 아이콘을 클릭합니다.

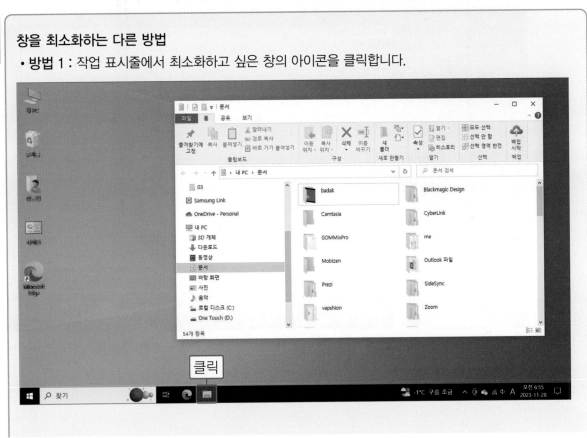

클릭

- **방법 2** : 창의 제목 표시줄을 클릭한 상태에서 마우스를 좌우로 여러 번 움직이면 선택한 창 이외의 모든 창이 최소화됩니다.

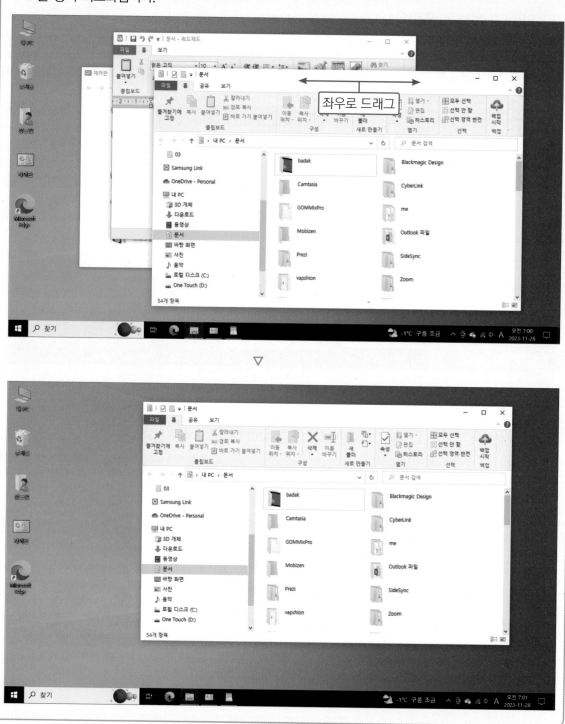

**04** 이전 크기로 창이 복원되었습니다. 창 조절 버튼 중 □(최대화) 버튼을 클릭합니다.

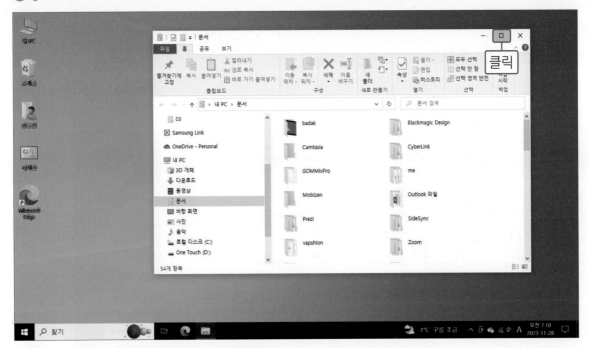

 또 다른 방법으로 창의 제목 표시줄을 더블 클릭하면 창이 최대화되어 화면 전체를 채우게 됩니다.

**05** 창이 최대화되어 화면 전체를 채웁니다. 창 조절 버튼 중 🗗(이전 크기로 복원) 버튼을 클릭합니다. 창의 크기가 이전으로 복원됩니다.

 또 다른 방법으로 최대화된 창의 제목 표시줄을 더블 클릭하면 이전 크기로 복원됩니다.

## ▶ 창 크기 조절하기 : 사용자 지정

**01** 창의 경계선이나 모서리로 마우스 포인터를 이동합니다. 마우스 포인터의 모양이 ⇕나 ⇔, ⤡나 ⤢로 변경되면 드래그하여 크기를 조절합니다.

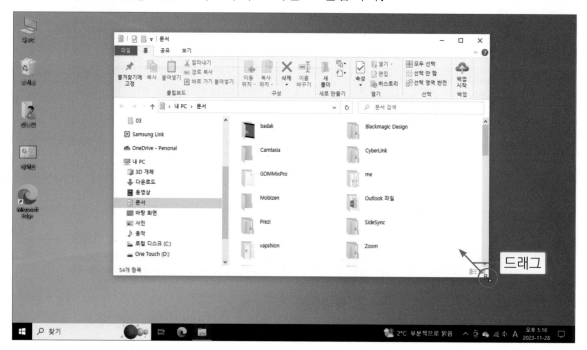

**02** 사용자가 원하는 크기로 창의 크기가 조절됩니다. ☒(닫기) 버튼을 클릭해 [문서] 창을 닫습니다.

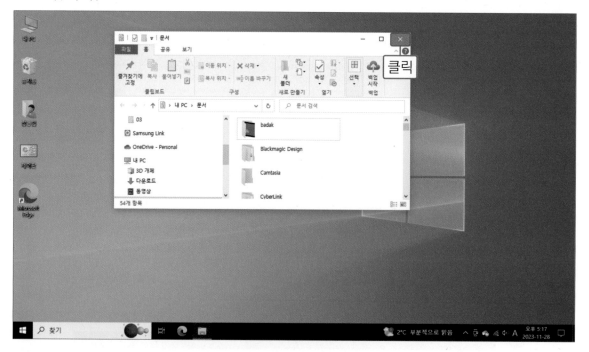

 창의 제목 표시줄을 드래그하면 창을 원하는 곳으로 이동할 수 있습니다.

## ▶ 창의 스냅 기능

**01** 작업 표시줄의 고정된 앱에서 (파일 탐색기) 아이콘을 클릭합니다.

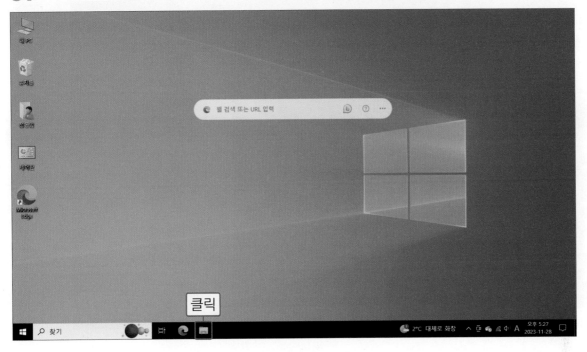

**02** 작업 표시줄의 (Microsoft Edge)를 클릭하여 엽니다.

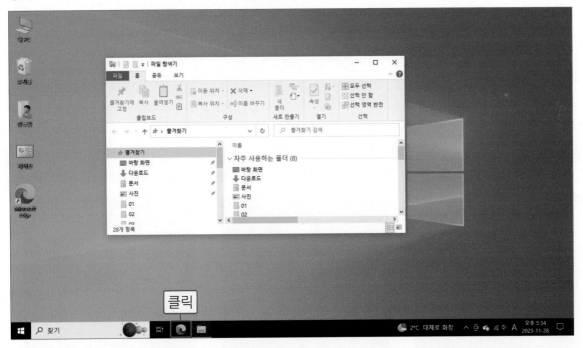

**03** [시작(■)] 버튼을 클릭한 후 모든 앱에서 [Windows 보조프로그램]을 찾아 클릭합니다. 숨겨져 있던 목록이 나타나면 [그림판]을 클릭합니다.

**04** 같은 방법으로 'XPS 뷰어', '워드패드', '메모장'도 선택하여 엽니다.

> 🔆
> 잠깐
> XPS 뷰어가 설치되어 있지 않다면, 사용자의 컴퓨터에 설치된 다른 앱(프로그램)을 실행하여 실습합니다.

> 🔆
> 잠깐
> **모든 앱에서 앱 실행하기**
> [시작(■)] 버튼을 클릭하면 나타나는 모든 앱에는 특수 문자, 알파벳, 한글 순으로 앱이 정리되어 있습니다. 머릿글자를 클릭하면 해당 머릿글자만 모아놓은 화면이 나타나는데, 메모장은 'Windows 보조프로그램' 안에 있으므로 [W]를 클릭한 후 [Windows 보조프로그램], [메모장]을 순서대로 찾아 클릭합니다.

**05** 동시에 여러 창에서 작업할 때 화면을 분할해서 작업할 수 있도록 창을 배열해 보겠습니다. 작업 표시줄의 ■(워드패드) 아이콘을 클릭하여 맨 앞으로 활성화한 후 [워드패드] 창의 제목 표시줄을 화면의 **오른쪽 끝으로 드래그**합니다.

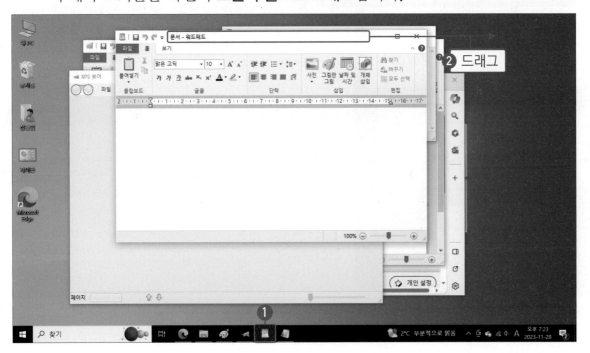

**06** 창이 겹쳐서 희미하게 나타날 때 누르고 있는 마우스 버튼에서 손가락을 뗍니다.

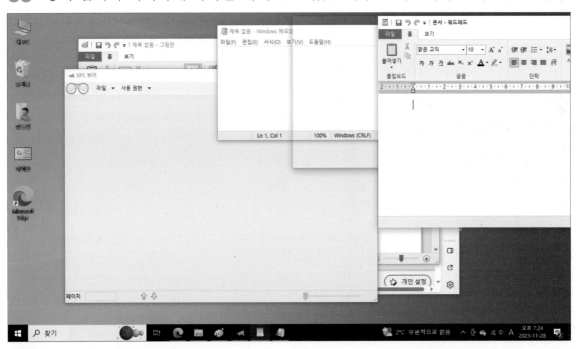

**스냅 기능**

스냅 기능을 사용하면 화면을 4개까지 분할하여 창을 정렬할 수 있습니다. 멀티태스킹이 가능하게 되어 한층 더 편리하고 효율적으로 작업할 수 있습니다.

**07** 좌우로 분할되면서 나머지 창들은 자동으로 반대편에 정렬됩니다. 정렬된 **창 중에서 하나를 선택**합니다.

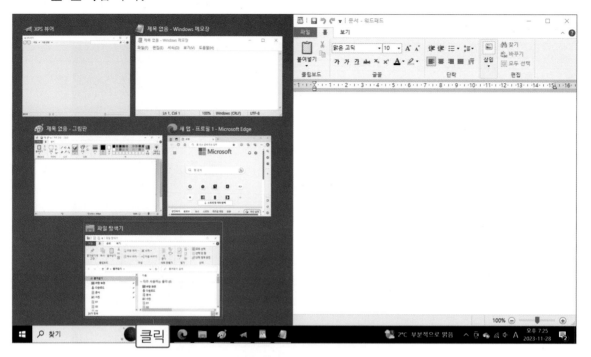

**08** 선택한 창이 왼쪽에 채워져 2개의 창에서 작업할 수 있게 됩니다. 계속해서 이번에는 **오른쪽 창의 제목 표시줄을 오른쪽 위 모서리로 드래그**합니다.

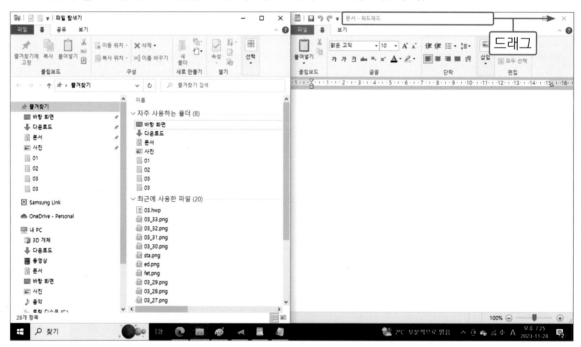

**09** 화면이 위아래로 분할되면서 아래쪽에 나머지 창들이 정렬됩니다. 정렬된 **창 중에서 하나를 선택**합니다.

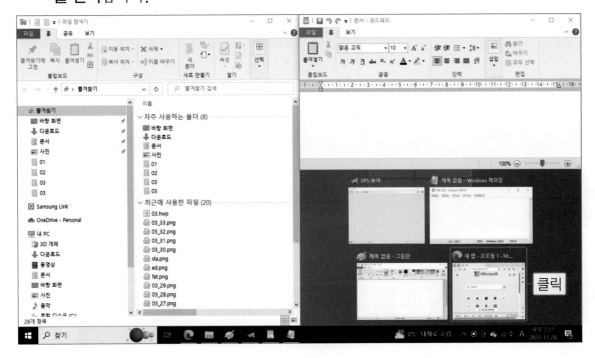

**10** 선택한 창이 오른쪽 하단에 채워져 3개의 창에서 작업할 수 있게 됩니다. 계속해서 이번에는 **왼쪽 창의 제목 표시줄을 왼쪽 위 모서리로 드래그**합니다.

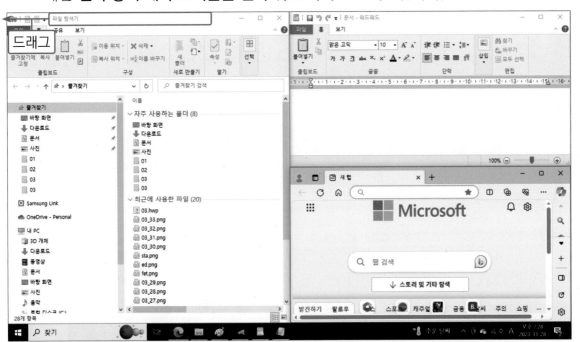

**11** 다시 화면이 위아래로 분할되면서 아래쪽에 나머지 창들이 정렬됩니다. 정렬된 **창 중에서 하나를 선택**합니다.

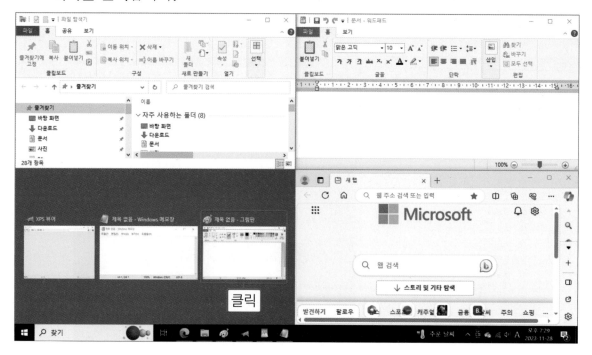

**12** 4개의 창에서 동시에 작업할 수 있습니다. 큰 모니터로 작업할 때 사용하면 더 편리합니다.

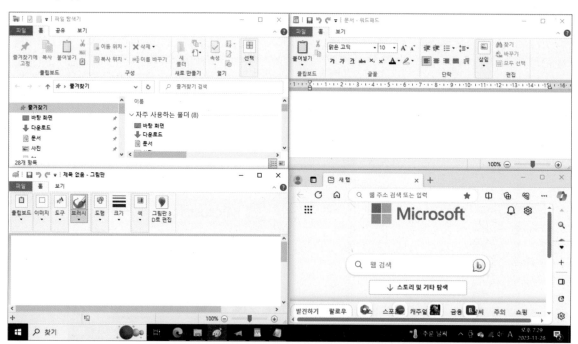

 **■ 키를 사용해서 창을 한꺼번에 최소화하기**

여러 창을 한꺼번에 최소화시키려면 ■+D 키를 누릅니다. 다시 이전 크기로 복원하려면 ■+D 키를 누릅니다.

# 응용력 키우기

**01** 다음과 같이 '사진' 앱을 위치시키고, '뉴스'와 '영화 및 TV' 앱을 시작 화면에 고정하고, 그룹 이름을 '미디어'로 추가해 봅니다.

- '뉴스'는 모든 앱에서 [ㄴ]에서 찾아 이용합니다.
- '영화 및 TV'는 [ㅇ]에서 찾아 이용합니다.

**02** 'Microsoft Edge'와 '휴지통'을 실행한 후 스냅 기능을 활용하여 화면을 2분할해 봅니다.

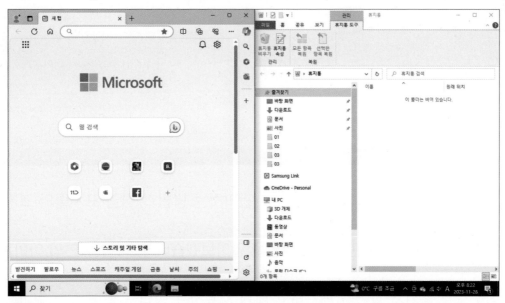

[휴지통] 창은 바탕 화면의 🗑(휴지통) 아이콘을 더블 클릭하여 엽니다.

 # 윈도우 기본기 익히기

- 바로 가기 아이콘
- 아이콘 숨기기
- 아이콘 정렬
- 작업 표시줄 크기 조정

- 작업 표시줄 이동
- 작업 표시줄 숨기기
- 고정된 앱 추가/제거

## 미 / 리 / 보 / 기

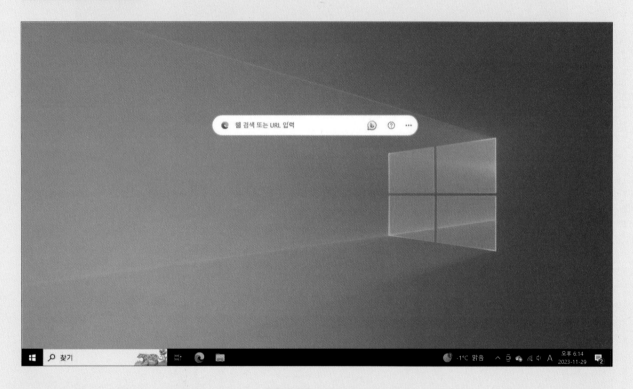

아이콘 생성, 정렬 등 바탕 화면의 아이콘을 관리하는 방법과 작업 표시줄의 크기 조정,
위치 이동 등 작업 표시줄을 관리하는 방법을 알아보겠습니다. 바탕 화면의 아이콘과 작
업 표시줄을 모두 숨겨서 화면을 깨끗하고 넓게 사용하는 방법도 함께 알아봅니다.

## ▶ 바탕 화면의 아이콘

바탕 화면에는 자주 사용하는 앱(프로그램)의 아이콘을 모아 둡니다. 아이콘을 더블 클릭하면 해당 앱을 실행할 수 있습니다.

 바탕 화면에 표시된 아이콘의 구성은 사용자의 컴퓨터 설정에 따라 다릅니다.

## ▶ 작업 표시줄의 설정

작업 표시줄을 숨겨 바탕 화면을 넓게 사용하고 싶거나 작업 표시줄을 원하는 곳으로 이동시키고 싶다면 작업 표시줄을 마우스 오른쪽 버튼으로 클릭한 후 바로 가기 메뉴에서 [작업 표시줄 설정]을 선택합니다. [설정] 창이 나타나면 [작업 표시줄] 화면에서 설정을 변경할 수 있습니다.

▲ 작업 표시줄 숨기기

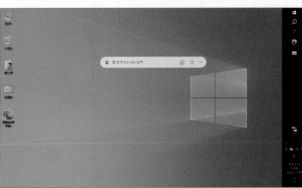
▲ 작업 표시줄 이동하기

# 바탕 화면과 작업 표시줄 다루기

## ▶ 바탕 화면에 바로 가기 아이콘 만들기

**01** [시작(田)] 버튼을 클릭한 후 모든 앱에서 바탕 화면에 바로 가기 아이콘을 만들려는 앱 (여기서는 'Google Chrome')을 바탕 화면으로 드래그합니다.

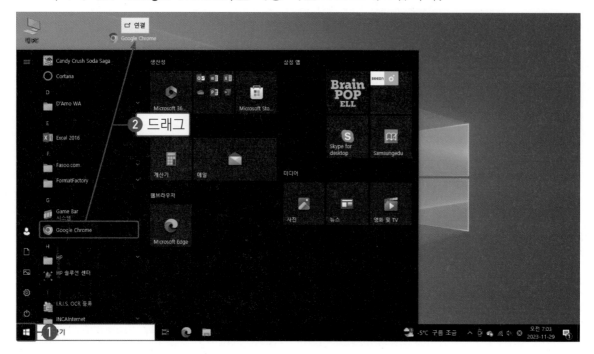

**02** 바탕 화면에 바로 가기 아이콘이 추가된 것을 확인합니다.

잠깐

**구글 크롬 설치**

구글 크롬은 가장 많이 사용하는 웹브라우저이지만, 윈도우 10의 기본 앱이 아니기 때문에 설치해야 합니다. 구글 크롬(https://www.google.com/intl/ko/chrome) 사이트에 접속한 후 [Chrome 다운로드] 버튼을 클릭해 파일을 다운로드하여 설치합니다.

잠깐

**바로 가기 아이콘을 만들 앱을 검색하여 추가하기**

① 작업 표시줄의 검색 상자에서 'chrome'이라고 입력하면 검색 목록에 [Google Chrome] 앱이 검색되고, 검색된 목록 오른쪽에서 [파일 위치 열기]를 클릭합니다.

② 파일이 있는 폴더가 열리면 [Google Chrome] 앱을 마우스 오른쪽 버튼을 클릭하여 [보내기]–[바탕 화면에 바로 가기 만들기]를 클릭합니다. 그러면 바탕 화면에 바로 가기 아이콘이 추가됩니다.

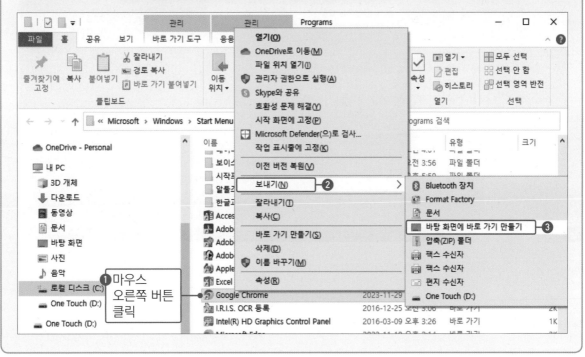

**57**

## ▶ 바탕 화면의 아이콘 숨기기/표시하기

**01** 바탕 화면의 아이콘을 숨겨서 바탕 화면을 깔끔하게 정리해 보겠습니다. **바탕 화면의 빈 공간에서 마우스 오른쪽 버튼을 클릭**합니다. 바로 가기 메뉴가 나타나면 **[보기]–[바탕 화면 아이콘 표시]를 선택**하여 체크를 해제합니다.

**02** 바탕 화면에서 아이콘이 사라진 것을 확인합니다.

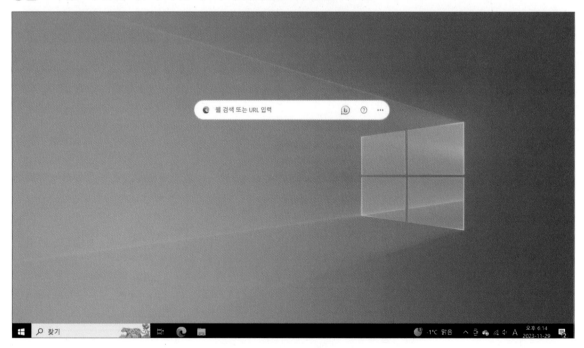

**03** 다시 바탕 화면에 아이콘을 표시해 보겠습니다. 바탕 화면의 빈 공간에서 마우스 오른쪽 버튼을 클릭한 후 바로 가기 메뉴에서 [보기]–[바탕 화면 아이콘 표시]를 다시 선택하여 체크합니다.

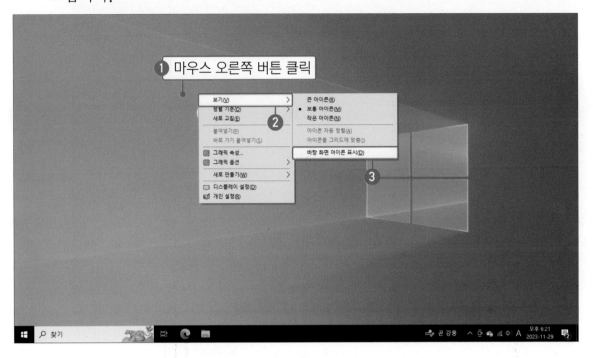

## ▶ 바탕 화면의 아이콘 정렬하기

**01** 바탕 화면의 빈 공간에서 마우스 오른쪽 버튼을 클릭한 후 바로 가기 메뉴에서 [보기]–[아이콘 자동 정렬]을 선택하여 체크를 해제합니다.

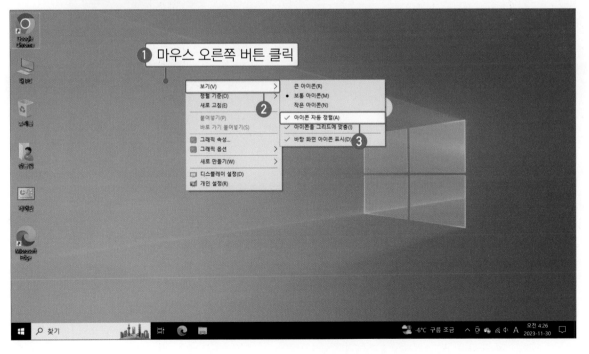

**02** '아이콘 자동 정렬'의 체크를 해제하였기 때문에 바탕 화면의 아이콘을 원하는 곳으로 드래그할 수 있습니다. 이동하고 싶은 아이콘을 원하는 위치로 드래그합니다.

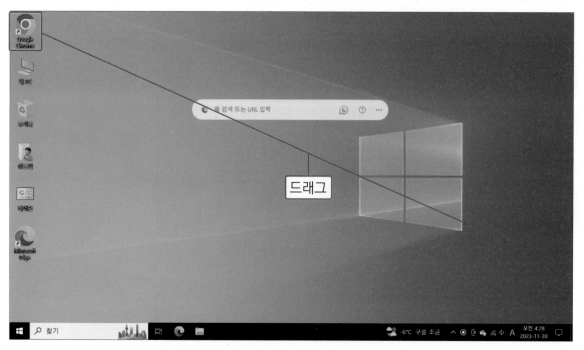

**03** 다른 아이콘들도 드래그하여 자유롭게 배치합니다.

**04** 자유롭게 배치된 아이콘들을 다시 한쪽으로 정렬해 보겠습니다. **바탕 화면의 빈 공간에서 마우스 오른쪽 버튼을 클릭**한 후 바로 가기 메뉴에서 **[정렬 기준]-[수정한 날짜]**를 선택합니다.

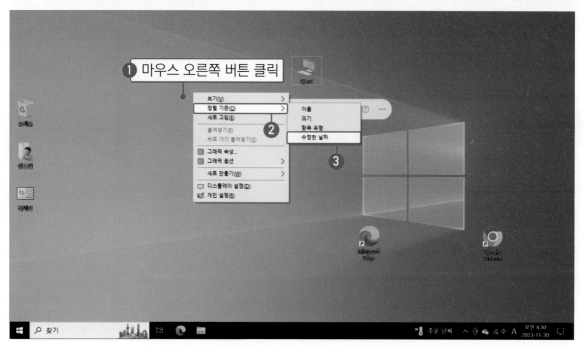

**05** 바탕 화면의 아이콘들이 수정한 날짜를 기준으로 정렬됩니다.

**아이콘 크기 조정하기**

바탕 화면의 빈 공간에서 마우스 오른쪽 버튼을 클릭한 후 바로 가기 메뉴에서 [보기]의 [큰 아이콘], [보통 아이콘], [작은 아이콘] 중에서 선택하여 아이콘의 크기를 조정할 수 있습니다.

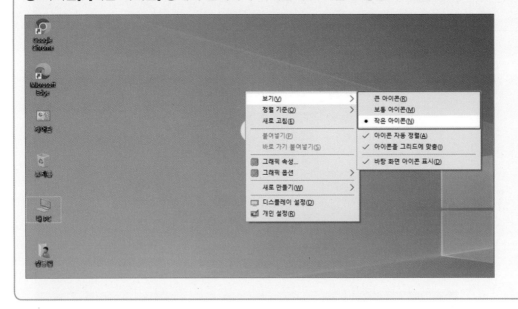

## ▶ 바탕 화면 아이콘 설정하기

바탕 화면에 표시된 '내 PC', '휴지통', '문서', '제어판', '네트워크' 등 기본으로 제공되는 아이콘을 숨기거나 표시하는 방법을 알아보겠습니다.

**01** 바탕 화면의 빈 공간에서 마우스 오른쪽 버튼을 클릭한 후 바로 가기 메뉴에서 [개인 설정]을 선택합니다.

**02** [설정] 창의 [배경] 화면이 나타나면 왼쪽 목록에서 **[테마]를 선택**합니다. 오른쪽 화면이 변경되면 [관련 설정]에서 **[바탕 화면 아이콘 설정]**을 클릭합니다.

**03** [바탕 화면 아이콘 설정] 대화상자가 나타나면 [바탕 화면 아이콘] 탭의 [바탕 화면 아이콘]에서 **보이고 싶은 아이콘은 체크**하고, **숨기고 싶은 아이콘은 체크 해제**한 후 [확인] 버튼을 클릭합니다. 여기서는 '문서'의 체크 표시만 해제했습니다.

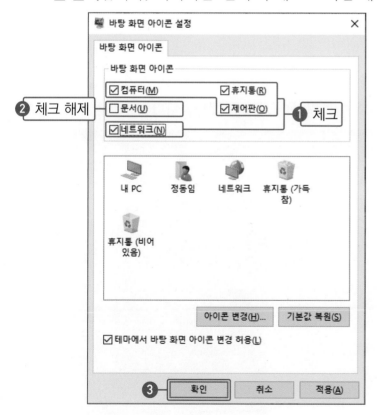

**04** [설정] 창의 ⊠(닫기) 버튼을 클릭합니다.

**05** 바탕 화면에 🖧(네트워크) 아이콘은 추가되어 보이고, 📄(문서) 아이콘은 보이지 않는 것을 확인할 수 있습니다.

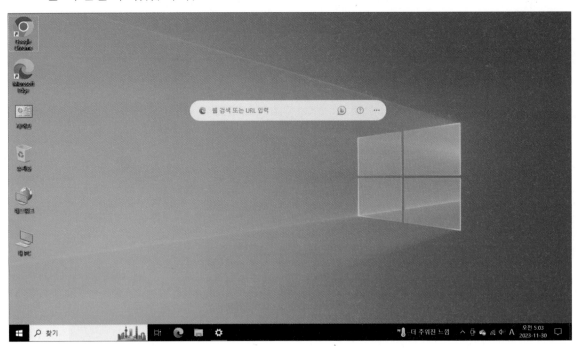

## 작업 표시줄 다루기

▶ **작업 표시줄의 크기 조정하기**

**01** 작업 표시줄의 빈 영역에서 마우스 오른쪽 버튼을 클릭합니다. 바로 가기 메뉴에서 [작업 표시줄 잠금]에 체크 표시가 되어 있으면 클릭하여 **체크를 해제**합니다.

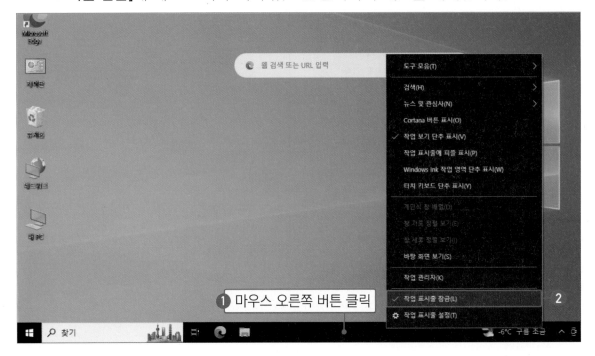

64

**02** 작업 표시줄의 경계선에 마우스 포인터를 가져갑니다. 마우스 포인터의 모양이 ↕일 때 위로 드래그하여 작업 표시줄의 크기를 조정합니다.

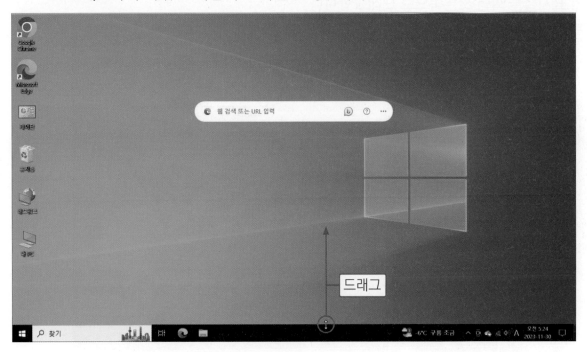

**03** 작업 표시줄의 경계선을 아래쪽으로 드래그하여 다시 작업 표시줄의 크기를 원래대로 변경합니다.

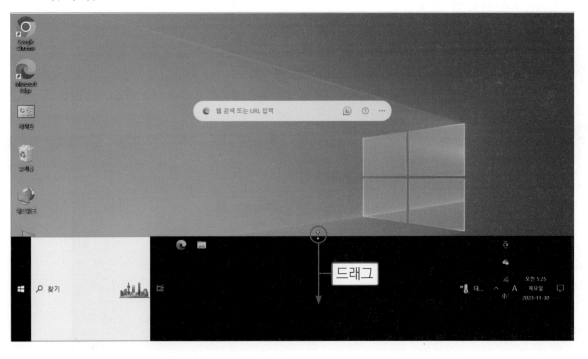

## ▶ 작업 표시줄의 위치 이동하기

**01** 작업 표시줄을 화면 오른쪽으로 드래그합니다.

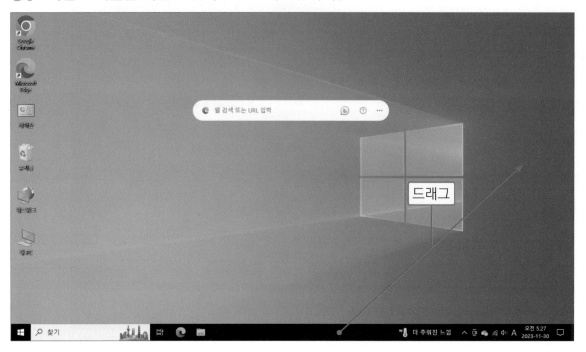

**02** 작업 표시줄의 위치가 이동된 것을 확인합니다. 작업 표시줄을 화면 아래쪽으로 드래그하여 원래 위치로 되돌립니다.

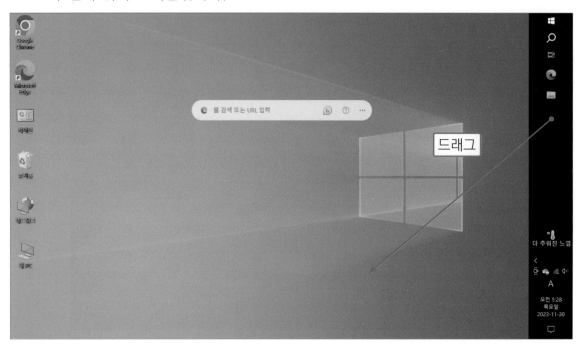

## ▶ 작업 표시줄 숨기기

**01** 작업 표시줄의 빈 영역에서 마우스 오른쪽 버튼을 클릭한 후 바로 가기 메뉴에서 [작업 표시줄 설정]을 선택합니다.

**02** [설정] 창의 [작업 표시줄] 화면이 나타납니다. [데스크톱 모드에서 작업 표시줄 자동 숨기기]의 '끔'을 클릭하여 '켬'으로 설정합니다. ⊠(닫기) 버튼을 클릭하여 창을 닫습니다.

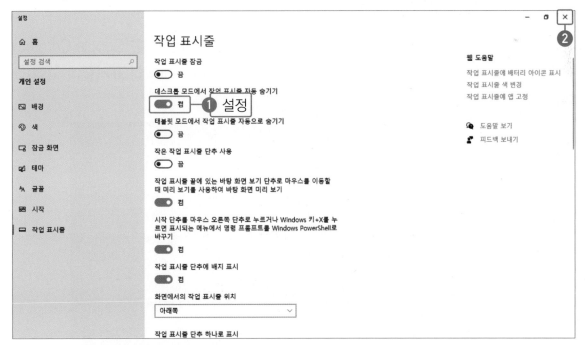

**03** 작업 표시줄이 숨겨져 바탕 화면을 넓게 사용할 수 있습니다.

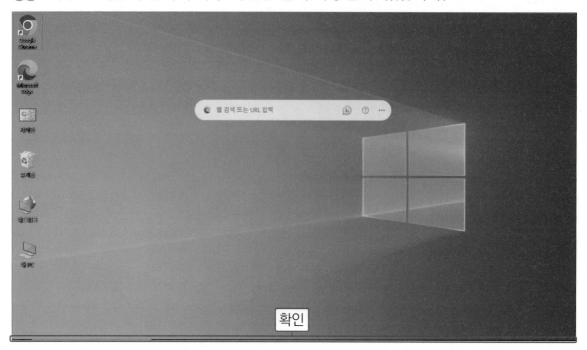

**04** 작업 표시줄이 있는 아래쪽으로 마우스 포인터를 이동하면 작업 표시줄이 표시됩니다. 다시 작업 표시줄 설정에서 [데스크톱 모드에서 작업 표시줄 자동 숨기기]를 '끔'으로 변경합니다.

## ▶ 작업 표시줄에 앱 고정하기/제거하기

**01** 작업 표시줄의 고정된 앱에 새로운 앱을 추가하기 위해 **바탕 화면의** (Google Chrome) **아이콘을 마우스 오른쪽 버튼으로 클릭**한 후 바로 가기 메뉴에서 [작업 표시줄에 고정]을 선택합니다.

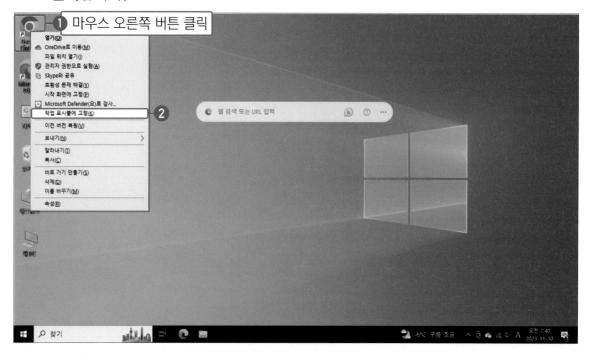

**02** 작업 표시줄이 나타나면 ⊙(Google Chrome) 앱이 추가된 것을 확인합니다.

**03** 이번에는 작업 표시줄의 고정된 앱에 추가한 앱을 제거해 보겠습니다. 작업 표시줄의 ⊙ (Google Chrome) 아이콘을 마우스 오른쪽 버튼으로 클릭한 후 바로 가기 메뉴에서 [작업 표시줄에서 제거]를 선택합니다.

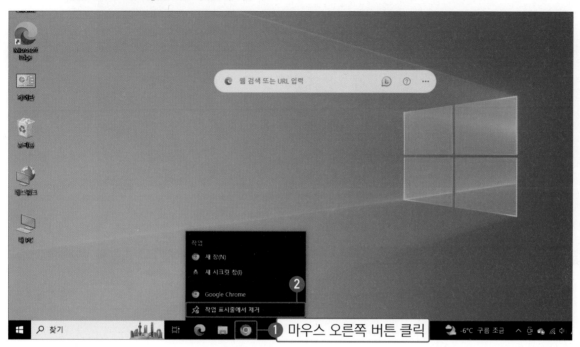

**04** 작업 표시줄의 고정된 앱에서 ⊙(Google Chrome) 앱이 제거된 것을 확인할 수 있습니다.

**01** 바탕 화면에 '그림판' 앱의 바로 가기를 추가해 봅니다.

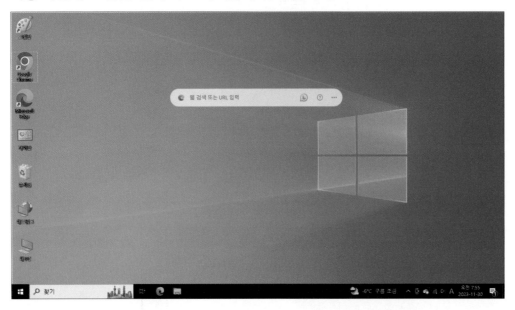

'그림판'은 모든 앱의 [W]–[Windows 보조프로그램]에서 찾을 수 있습니다.

**02** 바탕 화면의 아이콘을 항목 유형 기준으로 정렬해 봅니다.

**03** 작업 표시줄의 자동 숨기기 기능을 끄고, 위치를 화면 위쪽으로 설정해 봅니다.

**04** 작업 표시줄에 'Microsoft Store' 앱을 고정시켜 봅니다.

**05** 작업 표시줄을 다시 바탕 화면 아래쪽으로 이동시킨 후, 자동 숨기기 기능을 켜고 고정된 앱에서 'Microsoft Store' 앱을 제거해 봅니다.

# 05 내게 맞는 윈도우로 바꾸기

- 배경 화면
- 색
- 잠금 화면
- 화면 보호기
- 테마
- 디스플레이 해상도

## 미/리/보/기

바탕 화면의 배경 화면, 시작 화면, 작업 표시줄, 색상 등을 사용자의 취향에 따라 변경할

수 있습니다. 테마를 지정해서 한꺼번에 배경 화면과 색상을 변경할 수도 있고, 잠금 화면

에 앱을 추가하거나 화면 보호기를 설정하여 실행할 수도 있습니다. 이번 장에서는 윈도

우를 나만의 스타일로 설정하는 방법을 알아보겠습니다.

## ▶ 개인 설정

사용자의 개인 취향에 맞게 배경, 색, 잠금 화면, 화면 보호기, 테마, 글꼴 등을 설정할 수 있습니다.

- **방법 1** : [시작(■)] 버튼 -[설정(⚙)]을 클릭하고 [설정] 창에서 [개인 설정]을 선택해 설정합니다.

- **방법 2** : 바탕 화면을 마우스 오른쪽 버튼으로 클릭한 후 바로 가기 메뉴에서 [개인 설정]을 선택해 설정합니다.

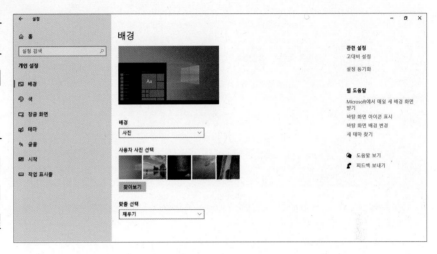

## ▶ 디스플레이 설정

모니터의 해상도를 조절하면 화면을 좀 더 좋은 비율로 볼 수 있습니다. 같은 해상도라도 배율에 따라 다르게 보일 수 있으므로 지금 보고 있는 화면의 글씨가 너무 작거나 크다면 디스플레이의 해상도를 다시 설정하는 것이 좋습니다.

- **방법 1** : [시작(■)] 버튼 -[설정(⚙)]을 클릭해 나타나는 [설정] 창에서 [시스템]을 선택해 설정합니다.

- **방법 2** : 바탕 화면을 마우스 오른쪽 버튼으로 클릭한 후 바로 가기 메뉴에서 [디스플레이 설정]을 선택해 설정합니다.

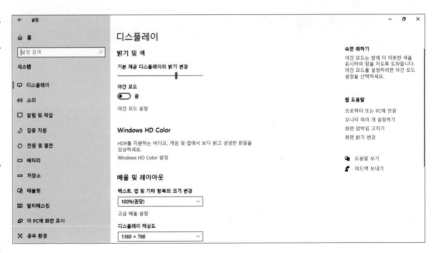

## ▶ 바탕 화면 배경 설정하기

**01** [시작()] 버튼-[설정(⚙)]을 클릭합니다.

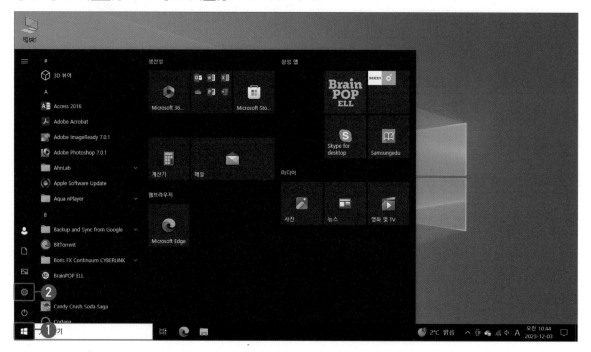

**02** [설정] 창의 [Windows 설정] 화면에서 **[개인 설정]**을 클릭합니다.

**03** [개인 설정]의 [배경] 화면이 나타나면 [사용자 사진 선택]에서 배경으로 설정할 **사진을 선택**합니다. 미리 보기 창에서 배경 사진이 변경된 것을 확인합니다.

배경 옵션에서 설정한 변경 사항을 미리 볼 수 있는 미리 보기 창

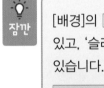

[배경]의 ☑(여기서는 ▭)을 클릭하여 '단색'으로 설정하면 다양한 배경색을 선택할 수 있고, '슬라이드 쇼'를 선택하면 슬라이드 쇼용 앨범을 선택하여 설정한 시간 간격마다 사진을 변경할 수 있습니다.

[사용자 사진 선택]에서 [찾아보기] 버튼을 클릭한 후 나타나는 [열기] 대화상자에서 원하는 사진을 불러와 배경 사진으로 사용할 수도 있습니다.

▽

## ▶ 바탕 화면의 색 설정하기

**01** [설정] 창에서 [색]을 선택합니다. 시작 화면, 작업 표시줄, 창 테두리의 색을 변경할 수 있습니다. [기본 Windows 모드 선택]은 '어둡게', [기본 앱 모드 선택]은 '밝게', [투명 효과]는 '끔'으로 설정한 후 상하 막대(스크롤 바)를 아래로 드래그합니다.

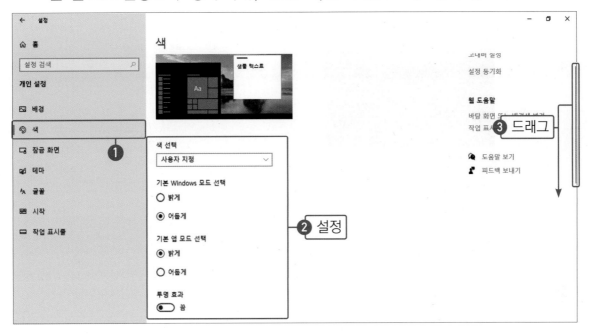

**02** 색을 설정하기 위해 [Windows 색상표]에서 **'보호색'**을 클릭하여 체크한 후 [다음 표면에 테마 컬러 표시]의 **'시작, 작업 표시줄 및 알림 센터'**와 **'제목 표시줄 및 창 테두리'**도 클릭하여 체크합니다. 미리 보기 창에서 색이 변경된 것을 확인합니다.

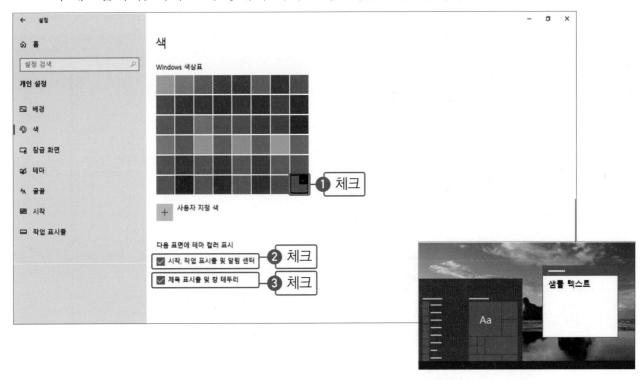

## ▶ 잠금 화면 설정하기

**01** [설정] 창에서 [잠금 화면]을 선택합니다. [배경]의 ☑(여기서는 [Windows 추천 ☑])를 클릭하여 '사진'을 선택합니다.

 **잠깐** 잠금 화면의 배경은 'Windows 추천'과 '사진', '슬라이드 쇼'에서 선택하여 설정할 수 있습니다.

**02** [사용자 사진 선택]에서 **잠금 화면 배경을 선택**한 후 **상하 막대(스크롤 바)를 아래로 드래그**합니다.

**03** 잠금 화면에 표시할 앱을 선택하기 위해 [잠금 화면에서 세부 상태를 표시할 앱 하나 선택]
에서 + 을 클릭합니다.

**04** 목록에서 [날씨]를 선택합니다. 잠금 화면에 현재 날씨가 나타납니다.

⊞+L 키를 눌러 잠금 화면으로 이동해 잠금 화면에 현재 날씨가 나타나는지 확인합니다.

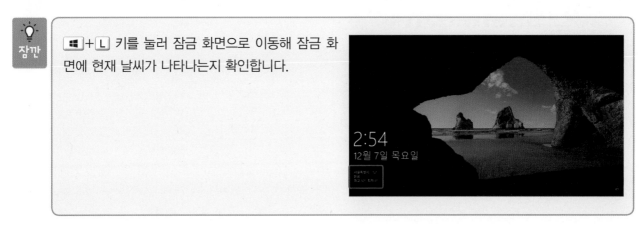

## ▶ 화면 보호기 설정하기

**01** [설정] 창의 [잠금 화면]에서 [화면 보호기 설정]을 클릭합니다.

**02** [화면 보호기 설정] 대화상자가 나타나면 [화면 보호기]의 ☑(여기서는 [없음 ▽]) 을 클릭한 후 '비눗방울'을 선택합니다. [대기]를 '5'분으로 설정한 후 [확인] 버튼을 클릭합니다.

**03** 설정한 대기 시간이 지나면 비눗방울 화면 보호기가 실행되는 것을 확인할 수 있습니다.

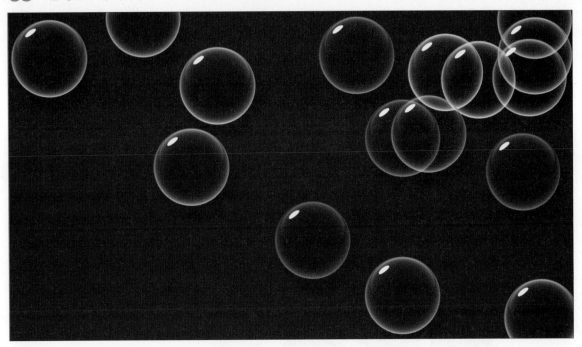

**잠깐**

[개인 설정]의 [잠금 화면]에서 [화면 시간 제한 설정]을 클릭하면 [시스템]의 [전원 및 절전]으로 이동합니다. [전원 및 절전] 화면에서 전원 사용 시 절전 시간과 배터리 사용 시간(배터리 사용 시간 설정은 데스크톱에는 나타나지 않습니다)을 조절할 수 있습니다.

## ▶ 테마 설정하기

**01** [개인 설정]에서 [테마]를 클릭합니다. 현재 사용하고 있는 테마가 있고, 배경, 색, 소리,
마우스 커서를 선택하면 바로 이동하여 설정할 수 있습니다.

**02** [테마 변경]에서 변경할 테마 [Windows 10]을 선택합니다.

**잠깐**

'Windows 10' 테마를 선택하면 배경 이미지 5개가 번갈아가면
서 바뀌고, 이미지에 맞게 색 설정도 변경됩니다. 슬라이드 쇼의
경우 기본 설정이 30분으로 되어 있기 때문에 [배경]을 클릭하여
시간을 '1분'으로 변경합니다. 1분마다 배경과 작업 표시줄, 창 등
의 색이 바뀌는 것을 확인할 수 있습니다.

슬라이드 쇼용 앨범 선택

사진

찾아보기

다음 간격마다 사진 변경
1분 ∨

순서 섞기
● 끔

**03** 테마의 미리 보기 창에서 배경 화면의 이미지, 시작 화면, 작업 표시줄, 아이콘의 색상 등이 선택한 테마로 한꺼번에 변경된 것을 확인합니다. ☒(닫기) 버튼을 클릭해 [설정] 창을 닫습니다.

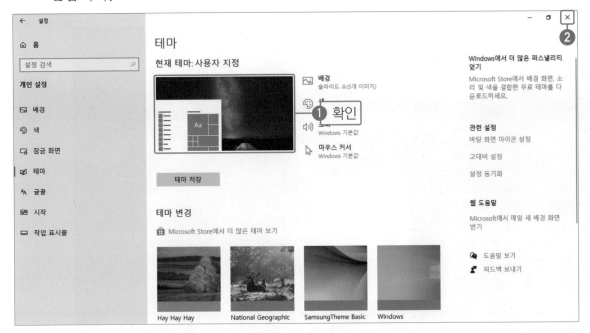

**04** 선택한 테마로 변경된 화면을 확인합니다. 배경 화면이 다섯 가지 이미지로 바뀌고, 창, 작업 표시줄의 색상도 바뀝니다.

## ▶ 디스플레이 해상도 조절하기

**01** 바탕 화면의 빈 공간에서 마우스 오른쪽 버튼을 클릭한 후 [디스플레이 설정]을 선택합니다.

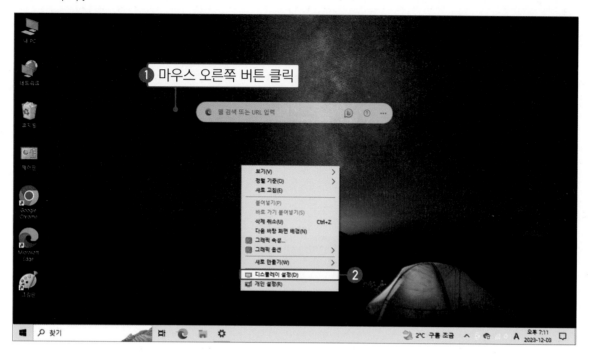

**02** [설정] 창에서 [시스템]의 [디스플레이] 화면이 나타나면 [디스플레이 해상도]의 ☑(여기서는 1360 × 768 ☑)를 클릭합니다.

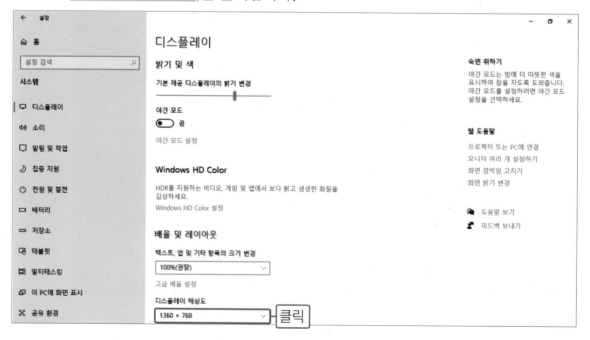

 디스플레이의 해상도는 사용자의 컴퓨터에 따라 다를 수 있습니다. 현재 교재의 이미지는 권장 해상도보다 낮게 설정된 화면입니다.

**03** 해상도를 변경(여기서는 '1920×1080')합니다.

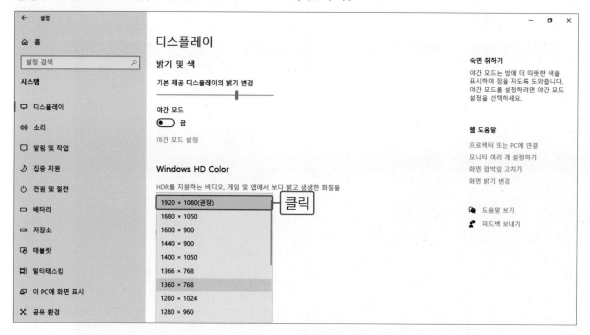

**04** 이 디스플레이 설정을 유지하겠냐는 메시지가 나타나면 [변경한 설정 유지] 버튼을 클릭합니다.

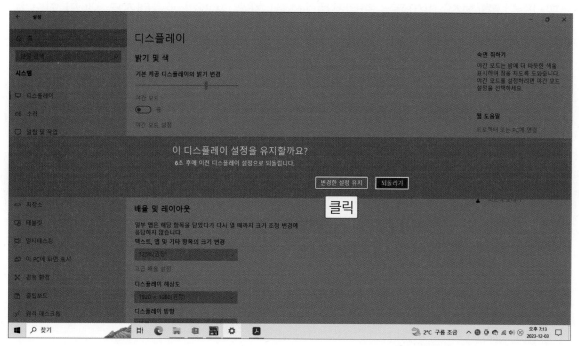

**05** [설정] 창의 ─(최소화) 버튼을 클릭하여 창을 최소화합니다.

**06** 예제의 경우 낮은 해상도에서 높은 해상도로 변경하여 화면을 넓게 사용할 수 있게 되었지만, 글자의 크기는 작아졌습니다.

**07** 작업 표시줄의 ⚙(설정) 아이콘을 클릭하여 [설정] 창을 표시한 후 [텍스트, 앱 및 기타 항목의 크기 변경]에서 ⌄(여기서는 [ 125%(권장)          ⌄ ])를 클릭해 배율을 '175%'로 설정합니다.

**08** 작업 표시줄의 ▯(바탕 화면 보기)를 클릭해 바탕 화면으로 이동합니다. 화면은 넓게 사용할
수 있고 아이콘과 글씨는 커져서 작업하기 좋아진 것을 확인합니다.

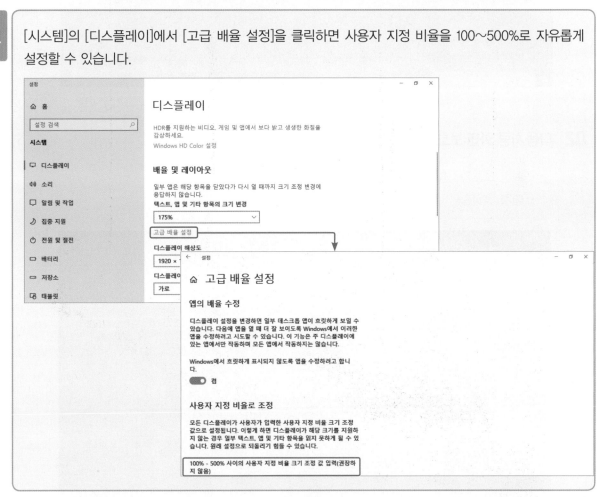

[시스템]의 [디스플레이]에서 [고급 배율 설정]을 클릭하면 사용자 지정 비율을 100~500%로 자유롭게
설정할 수 있습니다.

**01** 다음처럼 바탕 화면의 배경과 작업 표시줄 등의 색상을 변경해 봅니다.

- 배경 : 단색 – 싱그러운 보라색
- Windows 색상표 : 진한 퍼플 셰도
- 테마 컬러 표시 : '시작, 작업 표시줄 및 알림 센터'와 '제목 표시줄 및 창 테두리' 체크

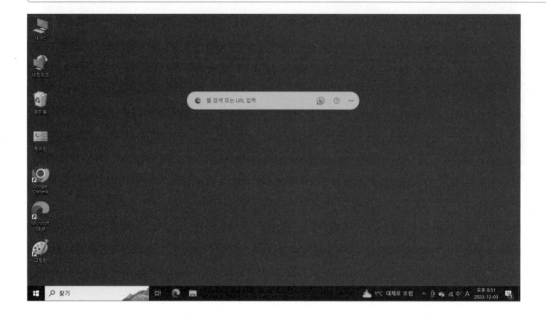

**02** 다음처럼 화면 보호기를 설정해 봅니다.

- 화면 보호기 : 춤추는 다각형
- 대기 : 10분

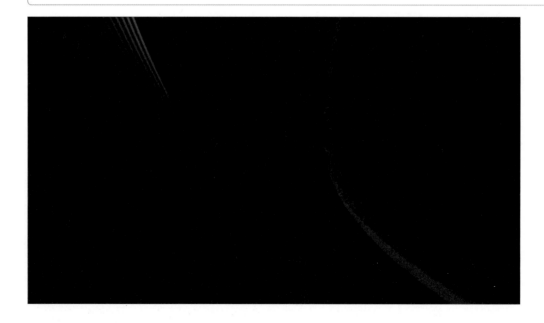

# 06 문서 만들기

- 메모장과 워드패드
- 자동 줄 바꿈 기능
- 글꼴 설정
- 저장하기
- 다른 이름으로 저장하기
- 표 및 그림 삽입
- 서식 지정
- 날짜 및 시간 삽입

## 미/리/보/기

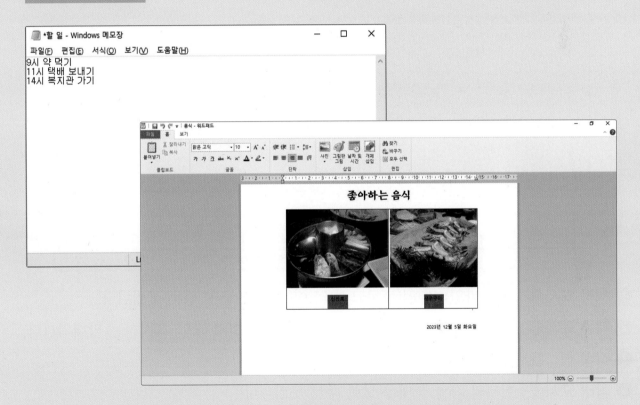

문서 작성을 할 수 있는 메모장과 워드패드는 윈도우의 기본 앱(프로그램)이라 설치하지

않아도 바로 사용할 수 있습니다. 메모장은 텍스트 파일만 가능하고 단순하지만, 워드패

드는 서식 꾸미기나 그림 삽입 등을 할 수 있어서 문서를 작성하기에 충분합니다. 메모장

과 워드패드로 문서를 만드는 방법을 알아보겠습니다.

# 01 메모장과 워드패드 살펴보기

## ▶ 메모장

메모장은 텍스트 파일을 보거나 편집할 때 가장 많이 사용되는 텍스트 편집 앱(프로그램)으로, 확장자는 '*.txt'입니다. 인터넷에서 정보 등을 찾아서 간단하게 메모해 둘 때 메모장을 활용하면 편리합니다.

• **방법 1** : [시작(⊞)] 버튼-[Windows 보조프로그램]에서 [메모장]을 선택하여 실행합니다.

• **방법 2** : 바로 가기 메뉴에서 [새로 만들기]-[텍스트 문서]를 선택하여 실행합니다.

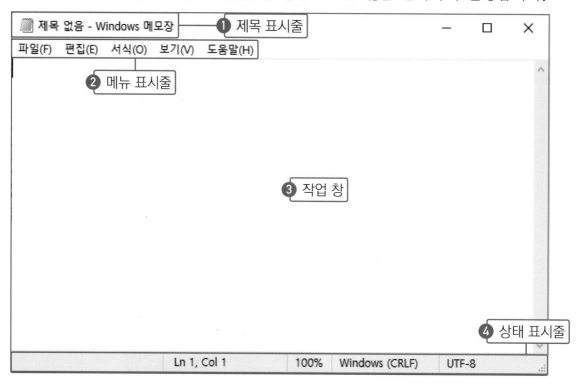

❶ **제목 표시줄** : 문서(파일) 및 앱(프로그램)의 이름 등을 보여 주는 곳입니다.

❷ **메뉴 표시줄** : 앱(프로그램)에서 사용하는 명령을 기능별로 모아 표시하는 막대입니다.

❸ **작업 창** : 문서 작업을 수행하는 곳입니다.

❹ **상태 표시줄** : 현재의 작업 상태를 보여 주는 곳입니다.

90

## ▶ 워드패드

워드패드는 문서를 만들고 편집하는 데 사용할 수 있는 텍스트 편집 앱(프로그램)입니다. 메모장과 달리 워드패드 문서에는 다양한 서식과 그래픽을 입력할 수 있으며, 사진 또는 기타 문서 등의 개체를 연결하거나 포함할 수 있습니다.

워드패드는 [시작(⊞)] 버튼-[Windows 보조프로그램]에서 [워드패드]를 선택하여 실행합니다.

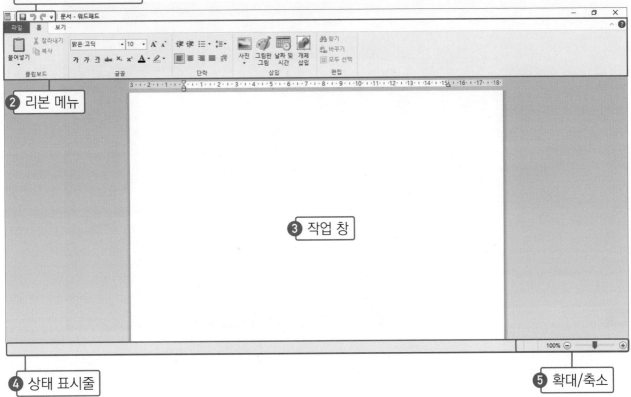

❶ **빠른 실행 도구 모음** : 자주 사용하는 도구를 모아 둔 곳입니다.

❷ **리본 메뉴** : 연관된 명령들이 각각 그룹으로 묶어 있습니다.

❸ **작업 창** : 문서를 작업하고 편집하는 곳입니다.

❹ **상태 표시줄** : 현재 작업 상태, 정보를 보여 주는 곳입니다.

❺ **확대/축소** : 화면의 보기 배율을 설정하는 곳입니다.

### ▶ 텍스트 문서 만들기

**01** 바탕 화면의 빈 공간에서 마우스 오른쪽 버튼을 클릭한 후 [새로 만들기]-[텍스트 문서]를 선택합니다.

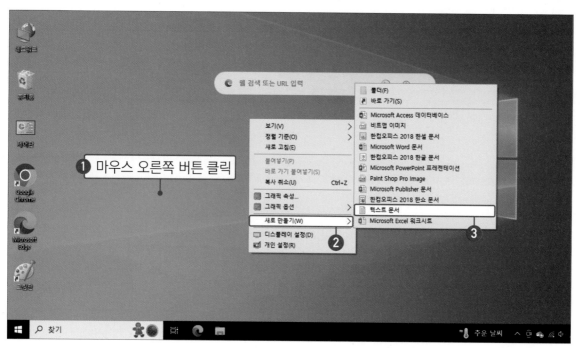

**02** 바탕 화면에 새 텍스트 문서가 만들어지고, 새 텍스트 문서의 이름 부분이 블록으로 지정되어 있습니다. 문서 이름을 '**할 일**'로 **입력**한 후 Enter 키를 누릅니다. 이름이 변경되면 새로 만들어진 텍스트 문서를 **더블 클릭**합니다.

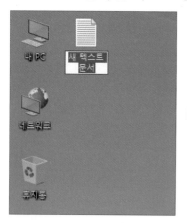 ▷  ▷

 교재에서는 '할 일.txt'의 확장자 'txt'가 숨겨져 있습니다. 사용자의 컴퓨터 환경에 따라 확장자의 표시 상태가 다르게 나타날 수 있습니다.

**03** '메모장' 앱이 실행되고 '할
일.txt' 파일이 열립니다.

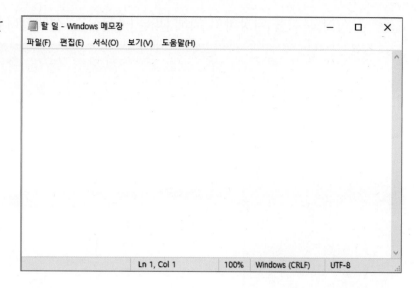

**04** 작업 창에 다음처럼 글을 **입
력**합니다.

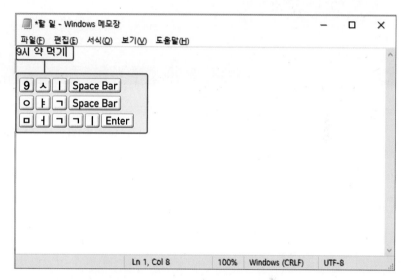

**05** 같은 방법으로 나머지 글도
입력합니다.

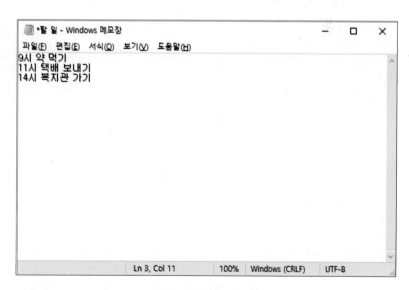

**06** 작성한 문서를 저장하기 위해 **[파일]-[저장]을 선택**합니다.

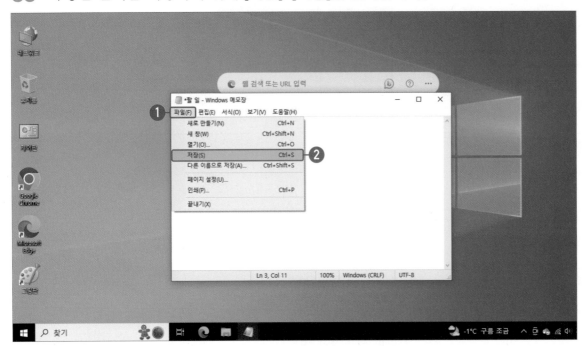

 Ctrl + S 키를 누르면 문서가 저장됩니다. 다른 이름으로 저장하려면 Ctrl + Shift + S 키를 누릅니다.

**07** 메모장의 **제목 표시줄을 드래그**하여 오른쪽 위로 옮긴 후 **모서리를 드래그**하여 크기를 작게 조절합니다. 이제 바탕 화면에 메모장을 열어 두고 다른 작업을 하면서 확인할 수 있습니다.

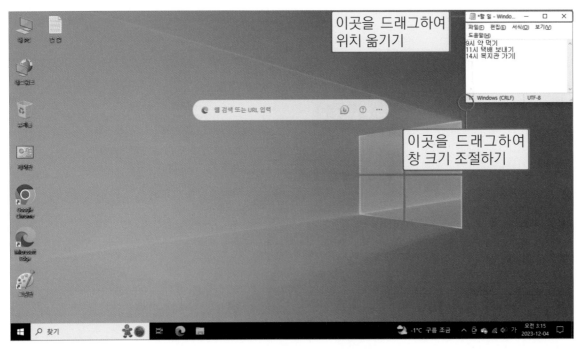

## ▶ 인터넷 정보를 가져와 서식 설정하기

**01** 작업 표시줄의 검색 상자에 '하드웨어'를 입력합니다. 위쪽 검색 목록 중 [웹 검색]의 [검색 결과 더 보기]를 클릭합니다.

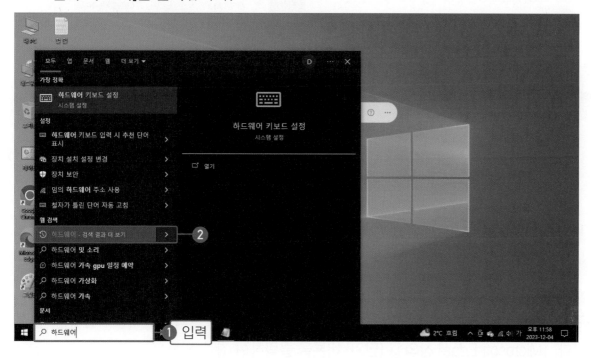

**02** 'Microsoft Edge' 앱에 검색 결과가 표시됩니다. 인터넷에서 찾은 정보 일부를 다음과 같이 드래그하여 블록으로 지정한 후 마우스 오른쪽 버튼을 클릭하고 [복사]를 선택합니다.

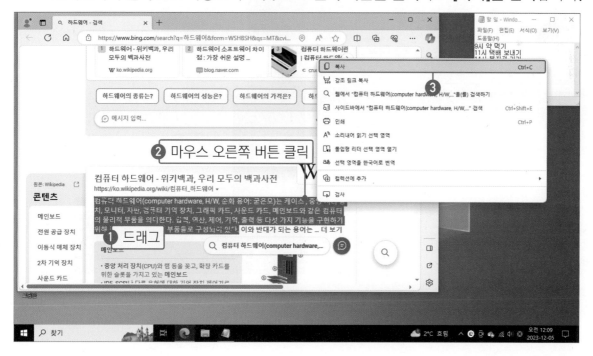

**03** [메모장] 창에서 [파일]-[새로 만들기]를 선택합니다.

**04** 새로운 메모장이 열리면 작업 창에서 **마우스 오른쪽 버튼을 클릭**한 후 [붙여넣기]를 선택합니다. [Microsoft Edge] 창의 ☒(닫기) 버튼을 클릭하여 창을 닫습니다.

**05** [메모장] 창을 살펴봅니다. 긴 글을 붙여넣었더니 한 줄로 입력되면서 오른쪽으로만 이어집니다. 메모장에서는 글을 입력할 때 Enter 키를 눌러 줄 바꿈을 하지 않으면 한 줄로만 입력됩니다. 글이 [메모장] 창의 너비에 맞춰 표시되도록 [서식]-[자동 줄 바꿈]을 선택합니다.

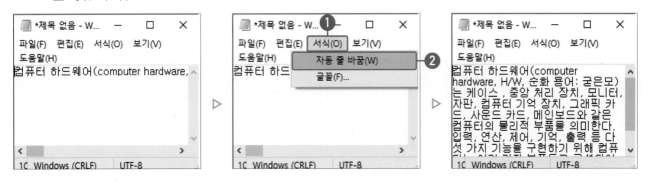

**06** [메모장] 창의 왼쪽 모서리를 드래그하여 창 크기를 크게 조절합니다. 자동으로 줄 바꿈이 조절됩니다.

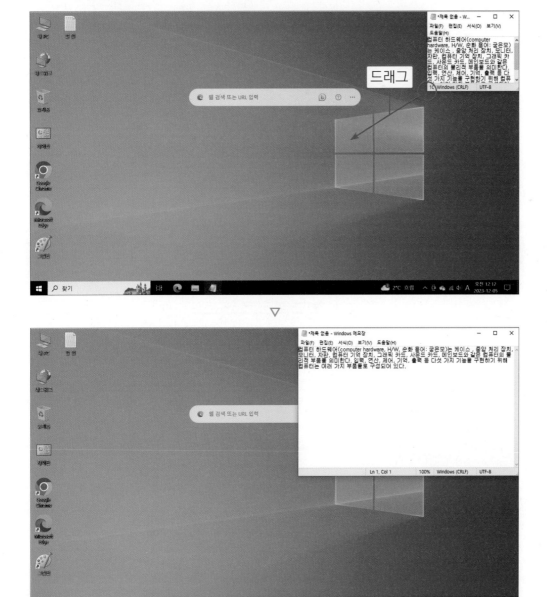

**07** [서식]-[글꼴]을 선택합니다.

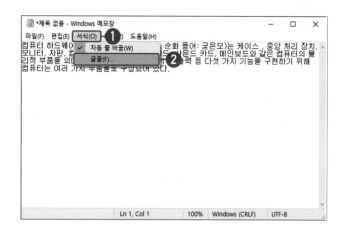

**08** [글꼴] 대화상자가 나타나면 [글꼴]은 '돋움', [크기]는 '16'으로 설정하고 [확인] 버튼을 클릭합니다.

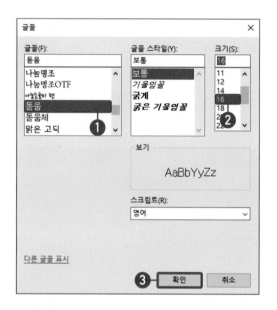

**09** 문서를 저장하기 위해 [파일]-[저장]을 선택합니다.

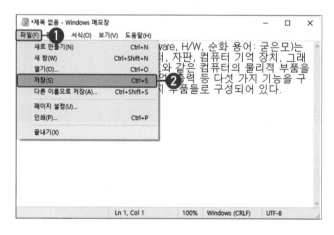

 [다른 이름으로 저장]을 선택해도 됩니다.

**98**

**10** [다른 이름으로 저장] 대화상자가 나타나면 왼쪽 탐색 창에서 **저장 경로를 '바탕 화면'으로**
지정하고, [파일 이름]을 '하드웨어'로 입력한 후 [저장] 버튼을 클릭합니다.

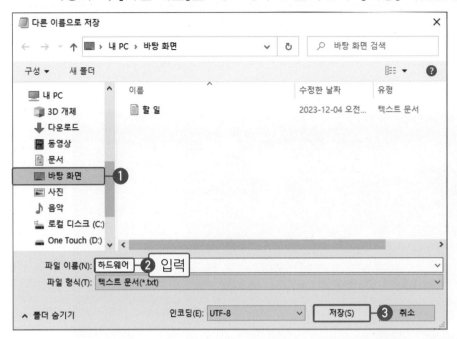

**11** [메모장] 창의 ⊠(닫기) 버튼을 클릭하여 창을 닫습니다. 바탕 화면에 새로운 파일로 저장
된 문서를 확인할 수 있습니다.

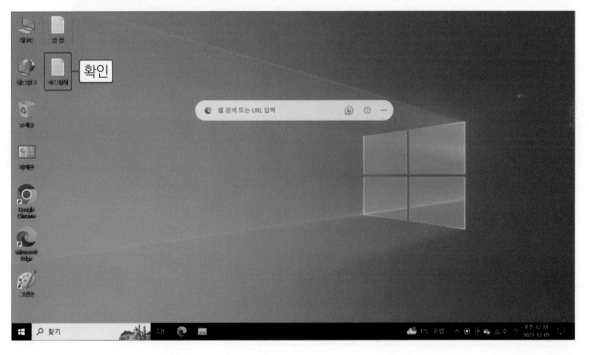

## 03 워드패드 다루기

### ▶ 표 만들기

**01** [시작(⊞)] 버튼-[Windows 보조프로그램]-[워드패드]를 선택합니다.

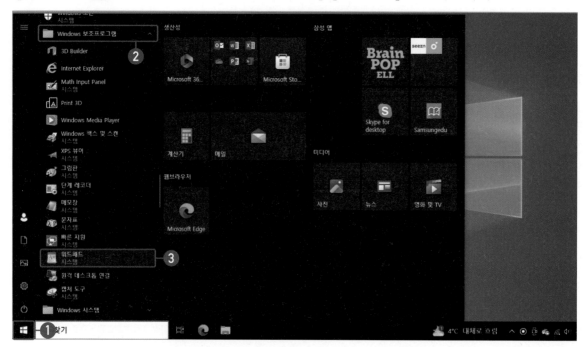

**02** '워드패드' 앱이 실행되고 새 문서가 열립니다. 작업 창에 '**좋아하는 음식**'이라고 입력한 후
Enter 키를 누릅니다.

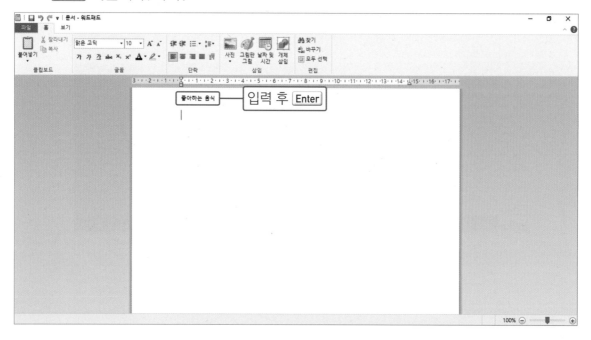

**03** + 키를 입력한 후 - 키를 10번 누르고, 다시 + 키를 입력한 후 - 키를 10번 누르고, + 키를 누르고 Enter 키를 누릅니다.

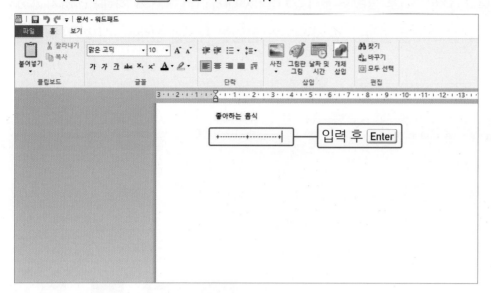

**04** 표가 만들어지면서 커서가 첫 번째 칸 안에 위치합니다.

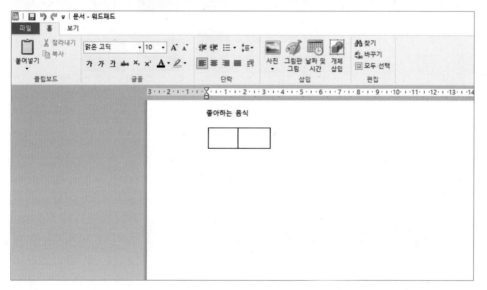

 잠깐

**워드패드에서 표 만드는 법**

워드패드에는 다른 문서 편집 프로그램처럼 표를 그리는 도구가 없습니다. 표를 그리려면 칸이 되는 지점마다 + 키를 누르고, 선 부분은 - 키를 여러 번 누른 후 Enter 키를 누릅니다. 그려진 표 다음에 커서를 두고 바로 Enter 키를 누르면 줄이 추가됩니다.

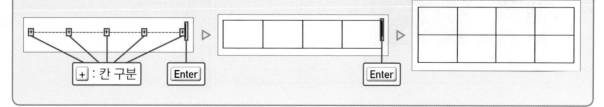

## ▶ 그림 삽입하기

**01** [홈] 탭-[삽입] 그룹-[사진(🖼)]을 클릭한 후 [사진]을 선택합니다. [사진 선택] 대화상자가 나타나면 사진을 불러올 위치를 설정한 후 사용자가 **삽입할 사진을 선택**하고 **[열기]** 버튼을 클릭합니다.

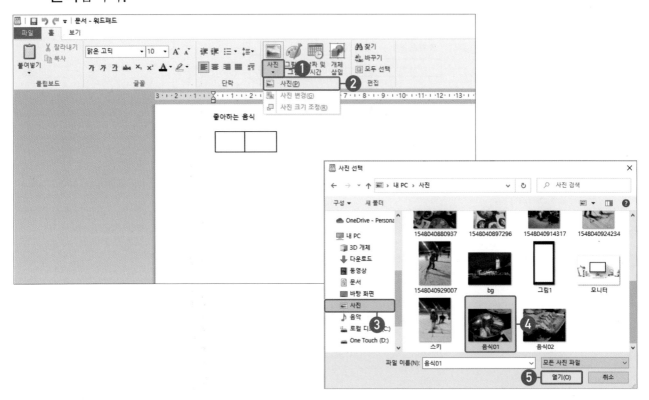

 사용자 컴퓨터에 있는 임의의 사진을 삽입하여 실습합니다.

**02** 사진이 삽입되면 마우스 포인터를 **칸의 경계선**으로 이동한 후 마우스 포인터 모양이 ⬌일 때 **드래그**하여 사진 크기만큼 각 칸의 너비를 조정합니다.

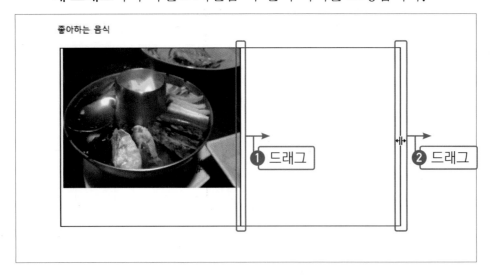

**03** 두 번째 칸에도 같은 방법으로 **사진을 삽입**하고 사진 아래에 알맞은 글(여기서는 '신선로'와 '새우구이')을 입력합니다.

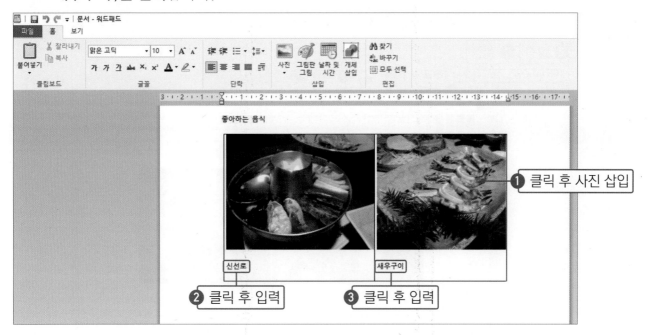

## ▶ 서식 지정하기

**01** 글과 표가 모두 포함되도록 드래그하여 블록으로 지정한 후 [홈] 탭-[단락] 그룹-[가운데 (☰)]를 클릭합니다.

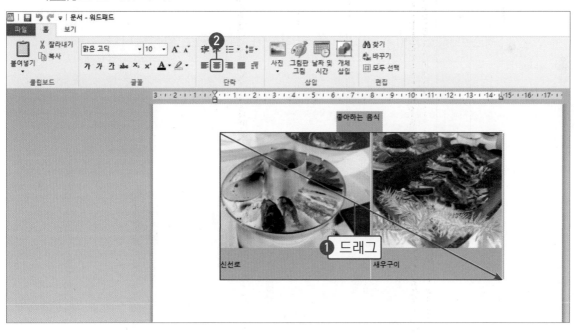

**02** '좋아하는 음식'을 드래그하여 블록으로 지정한 후 [글꼴 패밀리]의 ·를 클릭하여 글꼴을
선택합니다. [글꼴 크기]의 입력 상자를 클릭하여 '22'로 입력한 후 [Enter] 키를 누릅니다. [텍
스트 색(A·)]의 ·를 클릭하여 '풍부한 자주'로 설정합니다.

 **잠깐** 사용자의 컴퓨터 환경에 따라 제공되는 글꼴 종류가 다릅니다. 임의의 글꼴을 선택하여 실습합니다.

**03** 표 전체를 드래그하여 블록으로 지정한 후 [홈] 탭-[단락] 그룹-[가운데(▤)]를 클릭합니
다. 계속해서 [텍스트 강조 색(✎·)]의 ·를 클릭하여 '빨강'으로 설정합니다.

**04** 텍스트에만 텍스트 강조 색이 적용됩니다. **클릭**하여 블록을 해제한 후 '신선로'의 **'신'자** **앞을 클릭**하여 커서를 이동한 후 Space Bar 키를 누르고, 다시 **'로'자 뒤를 클릭**하여 커서를 이동한 후 Space Bar 키를 누릅니다. 글자 양옆에 빈칸이 입력되어 두 번째 칸의 '새우구이'의 텍스트 강조 색 너비만큼 조정됩니다.

## ▶ 자동으로 현재 날짜 삽입하고 저장하기

**01** 표 바깥을 클릭하여 커서의 위치를 이동한 후 Enter 키를 누르고 [홈] 탭-[삽입] 그룹-[날짜 및 시간]을 클릭합니다.

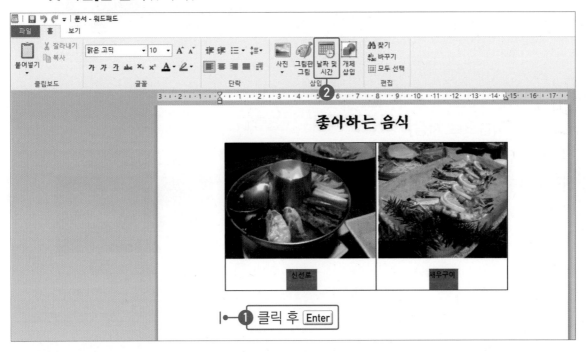

**02** [날짜 및 시간] 대화상자가 나타나면 [사용 가능한 포맷]에서 임의의 형식을 선택한 후 [확인] 버튼을 클릭합니다.

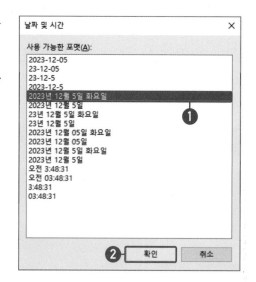

**03** 선택한 포맷대로 날짜가 삽입된 것을 확인한 후 [홈] 탭-[단락] 그룹-[오른쪽으로 텍스트 맞춤(▤)]을 클릭합니다.

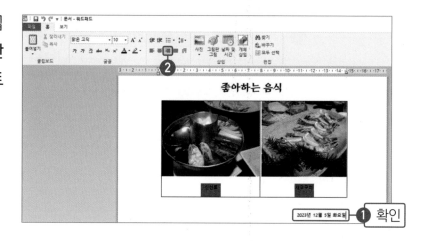

**04** 작성한 문서를 저장하기 위해 [파일]-[다른 이름으로 저장]-[서식있는 텍스트(RFT) 문서]를 선택합니다.

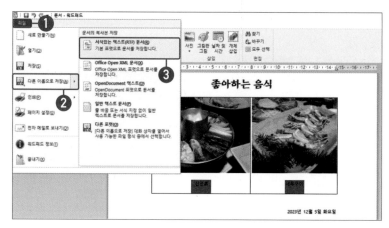

**잠깐**

문서를 처음 저장하기 때문에 [저장]을 선택해도 [다른 이름으로 저장] 대화상자에서 저장할 수 있습니다. 그러나 [파일]-[다른 이름으로 저장]을 선택하면 문서의 복사본 저장 목록에서 다양한 포맷 형식을 선택하여 저장할 수 있습니다. 마이크로소프트 워드와 호환되기 때문에 해당 문서는 마이크로소프트 워드에서도 읽고 편집할 수 있습니다.

**05** [다른 이름으로 저장] 대화상자가 나타나면 **저장 위치**(여기서는 [내 PC]-[바탕 화면])를 설정한 후 [**파일 이름**]에 사용자가 원하는 **이름**(여기서는 '음식')을 입력하고 [저장] 버튼을 클릭합니다.

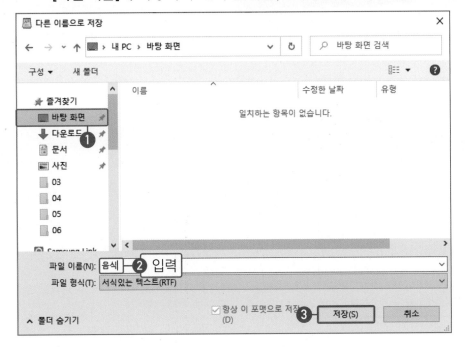

**06** 문서가 저장되면 제목 표시줄에 문서 이름이 나타나는 것을 확인할 수 있습니다. [워드패드] 창의 ⊠(닫기) 버튼을 클릭하여 창을 닫습니다.

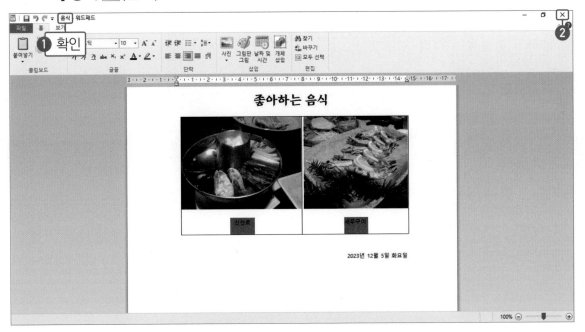

**01** 메모장에 다음처럼 입력한 후 '연락처.txt' 파일로 저장하고, 바탕 화면에 작게 배치해 봅니다.

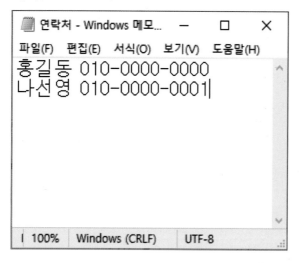

**02** 메모장을 새로 만든 후 다음처럼 입력하고 '서시.txt'라고 저장해 봅니다.

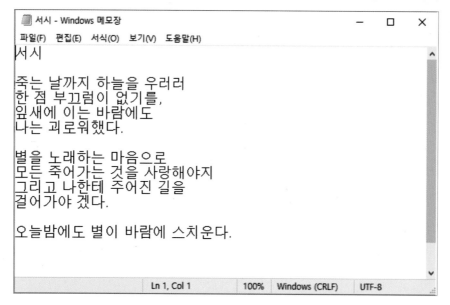

**03** 메모장을 새로 만들어 [Enter] 키를 누르지 않고 다음 문장을 이어서 입력한 후 '성공명언.txt'
로 저장해 봅니다.

> 무엇을 시작하기 전에, 예측할 수 없는 어려움과 지연이 기다리고 있다는 점을 기억하라.
> 이를 분명히 볼 수 있다면, 당연히 이를 제거할 수 있겠지만, 그럴 수 없다. 당신은 단 한
> 가지만을 분명히 볼 수 있고, 그것은 당신의 목표다. 머릿속에 목표에 대한 비전을 구상하
> 고 어떤 고난이 있어도 그것을 고수하라. 무엇을 하든 제대로 하라. 건성으로 말고 철저히
> 하라. 일의 근본을 살피라. 운은 계획에서 비롯된다.

**04** '한컴타자' 사이트에 접속한 후 [장문연습]을 클릭하고 100타 도전을 해 봅니다.

• 타수

• 정확도

**05** 워드패드에서 다음과 같이 1줄 1칸짜리 표 안에 이모티콘과 텍스트를 입력하고, 임의의 그림 을 삽입한 후 '사랑.rtf' 파일로 저장해 봅니다.

- 믿음, 소망, 사랑 : 글꼴 패밀리(휴먼옛체), 글꼴 크기(28pt), 밑줄, 텍스트 색(풍부한 주황) 설정
- ♥✉ : 글꼴 크기(28pt), 텍스트 색(풍부한 빨강) 설정

 이모티콘(♥✉) 삽입하기

⊞ + . 를 누르면 나타나는 [이모지] 창에서 원하는 이모티콘을 삽입할 수 있습니다. 워드패드에서는 이모티콘이 흑백으로 삽입됩니다.

# 07 그림 그리기

- 그림판과 캡처 및 스케치 앱
- 도형의 윤곽선 설정
- 도형의 채우기 설정
- 선택 영역 복사
- 곡선 그리기
- 투명 글자
- 캡처 버튼 설정 변경
- 화면 캡처 방법

## 미/리/보/기

그림판은 간단한 컴퓨터 그래픽 앱(프로그램)입니다. 앱 내의 도형이나 브러시를 사용하여 그림을 그리거나 사진이나 그림 위에 글자를 입력하여 꾸밀 수 있습니다. 캡처 및 스케치 앱을 활용하면 컴퓨터를 하면서 필요한 화면을 바로바로 캡처할 수 있습니다. 그림을 그리는 방법과 캡처하는 방법을 알아보겠습니다.

# 그림판과 캡처 및 스케치 살펴보기

## ▶ 그림판의 화면 구성

그림판은 단순한 기능의 컴퓨터 그래픽 앱(프로그램)입니다. 다른 컴퓨터 그래픽 앱처럼 기능이 많지는 않지만 간단한 그림을 그리거나 편집할 때 사용합니다.

그림판은 [시작(■)] 버튼-[Windows 보조프로그램]-[그림판]을 선택하여 실행합니다.

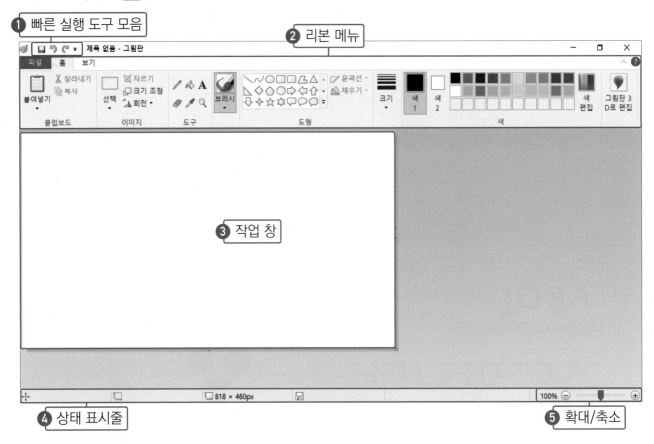

❶ 빠른 실행 도구 모음 : 자주 사용하는 도구를 모아 둔 곳입니다.

❷ 리본 메뉴 : 연관된 명령들이 각각 그룹으로 묶어 있습니다.

❸ 작업 창 : 그림을 그리고 편집하는 영역입니다.

❹ 상태 표시줄 : 현재 작업 상태, 정보를 보여 주는 곳입니다.

❺ 확대/축소 : 화면의 보기 배율을 설정하는 곳입니다.

## ▶ 캡처 및 스케치의 화면 구성

캡처 및 스케치에서는 사각형 캡처뿐만 아니라 자유형 캡처도 가능하고, 캡처한 화면에 간단하게 스케치한 후 저장할 수도 있습니다.

캡처 및 스케치는 [시작(⊞)] 버튼-[캡처 및 스케치]를 선택하여 실행합니다.

① 클릭 시 캡처 화면으로 전환되고, 캡처 도구가 나타납니다. ②, ③, ④, ⑤는 캡처한 후 활성화됩니다.

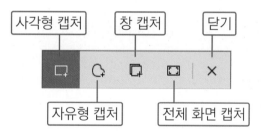

② 작업을 되돌려 실행 취소합니다.

③ 되돌린 작업을 다시 실행합니다.

④ ⑳(터치 쓰기), ▽(볼펜), ▼(연필), ☖(형광펜), ◈(지우개), ✎(눈금자), ⚏(이미지 자르기)로 구성되어 있습니다.

⑤ ◉(확대/축소), 🖫(다른 이름으로 저장), 🗐(복사), ⬈(공유)로 구성되어 있습니다.

⑥ 자세히 보기에서는 인쇄, 설정 등의 작업을 할 수 있습니다.

⑦ 불러온 이미지나 캡처한 이미지를 간단하게 편집하는 곳입니다.

### ▶ 도형으로 그림 그리기

**01** [시작()] 버튼-[Windows 보조프로그램]-[그림판]을 선택합니다.

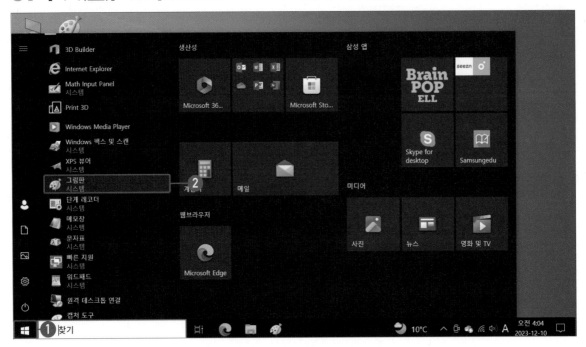

**02** '그림판' 앱이 실행됩니다. [그림판] 창에 빈 작업 창이 열려 있습니다. **작업 창의 모서리를 드래그하여 '818×460px'로 설정합니다.** [홈] 탭-[도구] 그룹-[색 채우기(🪣)]를 클릭한 후 [색] 그룹의 [색1]을 클릭합니다. 색상표에서 [노랑]을 선택한 후 **작업 창을 클릭합니다.**

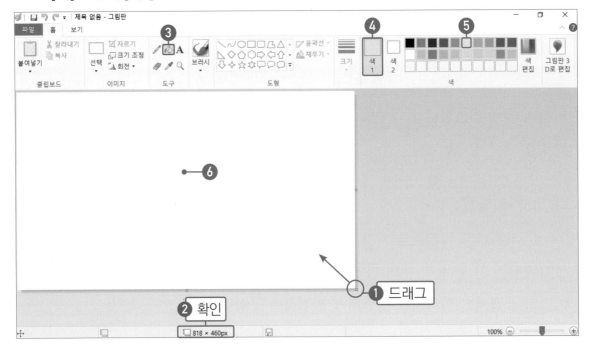

**03** 도형을 그리기 위해 [홈] 탭-[도형] 그룹에서 [타원(◯)]을 클릭합니다. 선택한 도형의 서식을 꾸미기 위해 [도형] 그룹의 [윤곽선]을 클릭하여 [윤곽선 없음]을 선택합니다.

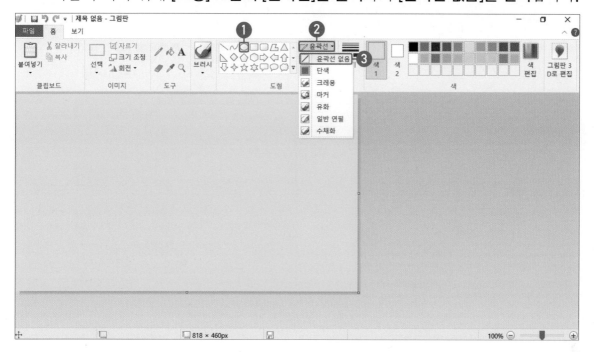

**04** [홈] 탭-[도형] 그룹-[채우기]를 클릭하여 [단색]을 선택한 후 [색] 그룹의 [색2]를 클릭하고 색상표에서 [흰색]을 선택합니다.

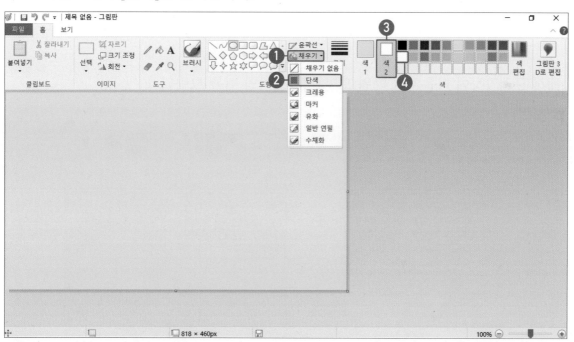

잠깐

[색1]은 연필, 브러시, 도형 윤곽선에 사용되고, [색2]는 지우개, 도형 채우기에 사용됩니다.

**05** **작업 창**에서 다음처럼 **드래그**하여 흰색 타원을 그린 후 **작업 창의 빈 공간을 클릭**하여 선택을 해제합니다. 윤곽선이 없는 흰색의 타원이 그려졌습니다.

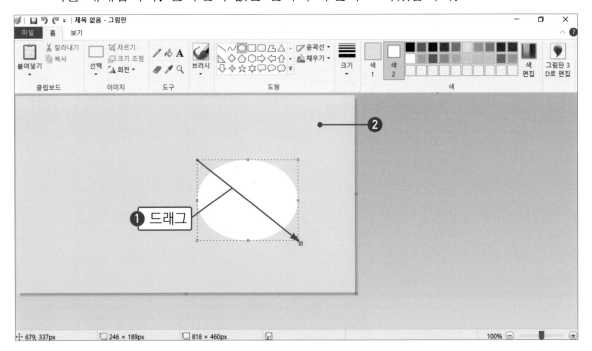

 선택 영역을 해제할 때는 신중해야 합니다. 선택 영역을 해제한 후에는 그린 도형을 다시 선택할 수 없어 크기나 위치를 조정할 수 없습니다. 마음에 들지 않게 그려졌을 때는 Ctrl + Z 키를 눌러 작업 취소를 한 후 다시 그립니다.

**06** 계속해서 **드래그**하여 다음처럼 타원 모양으로 토끼의 귀를 그립니다.

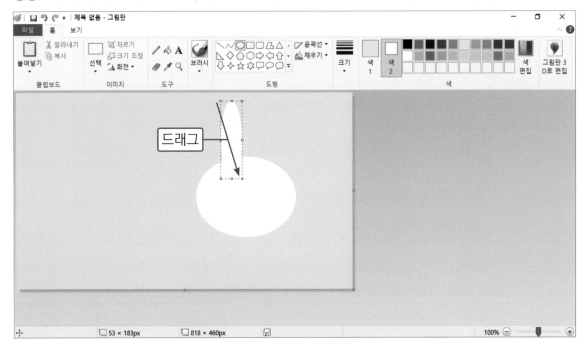

**07** 드래그하여 나머지 귀도 그립니다. 먼저 그린 귀와 크기를 비슷하게 하기 위해 **크기 조절 점을 드래그**하여 조절합니다. **빈 공간을 클릭**하여 선택을 해제합니다.

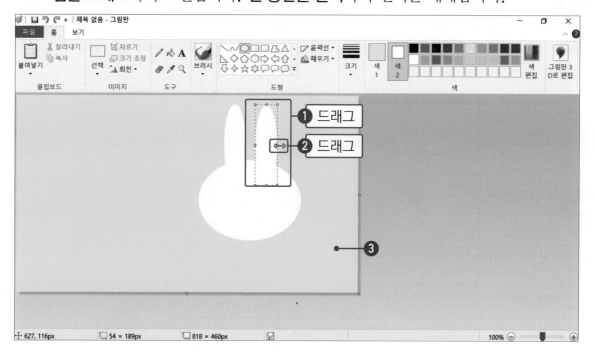

## ▶ 선택 영역 만들고 복사하기

**01** [색2]가 선택되어 있는 상태에서 색상표의 **[다홍]을 선택**한 후 각각의 **귀 안쪽을 드래그**하여 타원을 삽입합니다. 토끼의 눈을 그리기 위해 **빈 공간을 클릭**한 후 색상표에서 **[검정]을 선택**하고 ❻번 위치에서 **Shift 키를 누른 채 드래그**하여 원을 그립니다.

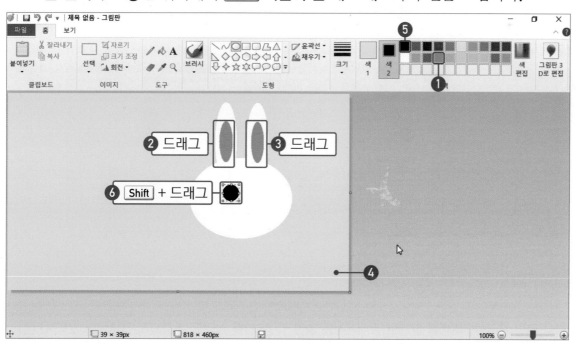

 ○(타원)을 선택한 후 Shift 키를 누른 채 드래그하여 그리면 원이 그려집니다.

**02** 왼쪽 눈과 같은 똑같은 크기의 눈을 그리기 위해 왼쪽 눈을 복사해 보겠습니다. 먼저 [홈] 탭-[이미지] 그룹-[선택(선택)]을 클릭한 후 [사각으로 선택]을 선택합니다.

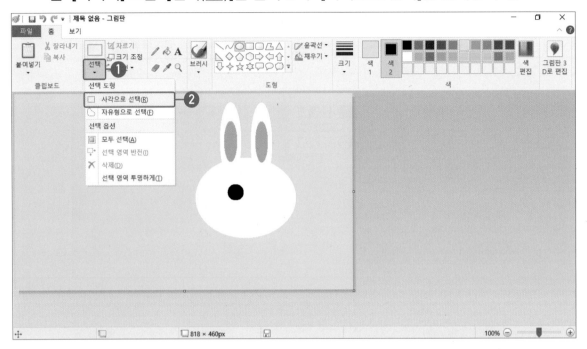

**03** 왼쪽 눈이 포함되도록 드래그하여 사각의 선택 영역을 만든 후 Ctrl + C 키를 눌러 선택 영역을 복사합니다.

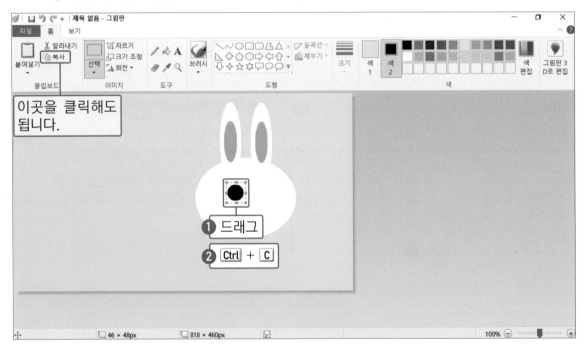

 도형을 그린 후 선택 영역을 해제한 상태에서는 Ctrl + C 키를 눌러도 복사되지 않습니다. 반드시 [선택] 도구로 선택 영역을 만든 후 Ctrl + C 키를 눌러야 복사할 수 있습니다.

**04** `Ctrl` + `V` 키를 누르면 복사한 눈이 붙여넣기 됩니다. **붙여넣은 눈**의 선택 영역 안쪽에 마우스 포인터를 가져간 후 ✥ **모양일 때 드래그**하여 오른쪽 눈 위치로 이동시킵니다.

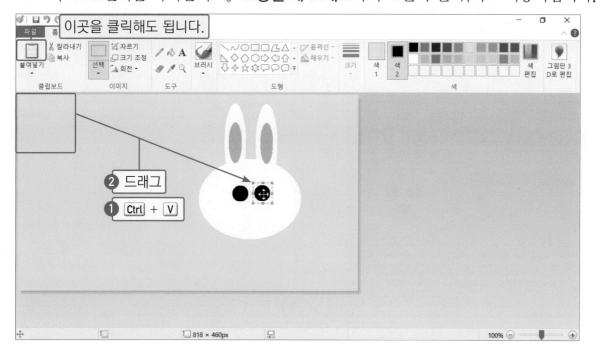

## ▶ 도형 회전하고 색 편집하기

**01** [홈] 탭-[도형] 그룹에서 [삼각형(△)]을 클릭한 후 작업 창에서 드래그하여 토끼의 코 모양을 그립니다. [이미지] 그룹-[회전]을 클릭하여 [180° 회전]을 선택해 거꾸로 회전합니다.

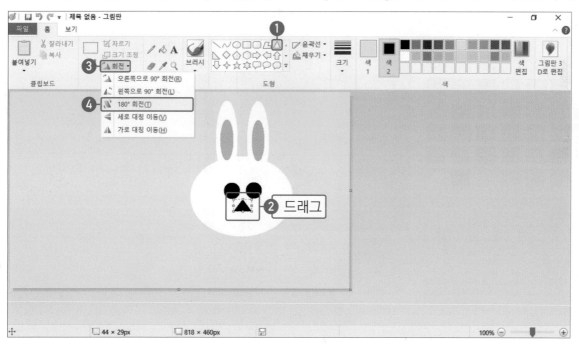

**02** [홈] 탭-[도형] 그룹에서 [타원(◯)]을 클릭합니다. [색] 그룹의 색상표에서 [다홍]을 선택하고, 색을 편집하기 위해 [색 편집]을 클릭합니다.

**03** [색 편집] 대화상자가 나타나면 오른쪽의 색 슬라이드에서 **슬라이더를 위로 드래그**하여 다홍색보다 더 옅게 설정(여기서는 빨강 '255', 녹색 '223', 파랑 '234')한 후 **[확인]** 버튼을 클릭합니다.

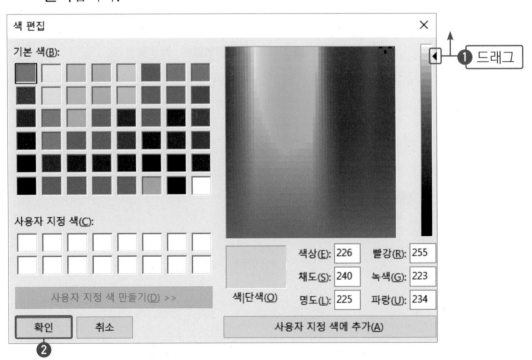

**04** 색상표에 새로운 [다홍]이 추가됩니다. 토끼의 양쪽 볼 위에 다음처럼 **드래그**합니다.

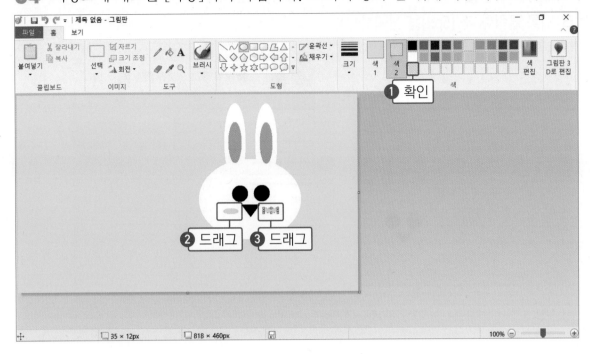

## ▶ 곡선 그리기

**01** 토끼의 입 부분은 곡선으로 그리기 위해 [홈] 탭-[도형] 그룹에서 [곡선(⌒)]을 클릭합니다. [윤곽선]을 클릭한 후 [단색]을 선택합니다.

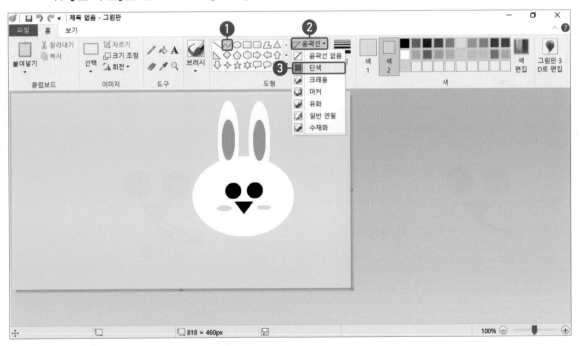

**02** [색] 그룹에서 [색1]을 클릭한 후 색상표에서 [검정]을 선택합니다. 선 굵기를 조정하기 위해 [크기]를 클릭한 후 [5px]을 선택합니다.

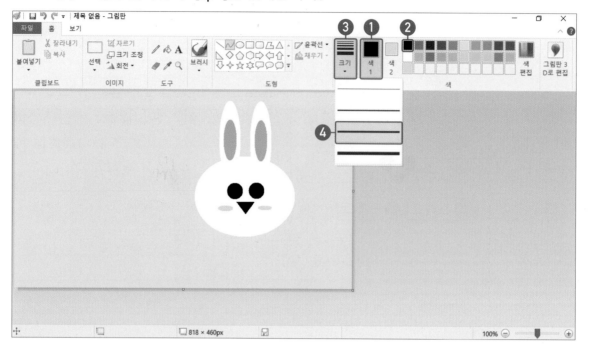

**03** 코끝에서 왼쪽 하단으로 드래그하여 사선을 그린 후 삽입된 **직선의 가운데 부분을 아래로** **드래그**합니다. 원하는 곡선이 되면 **클릭**합니다.

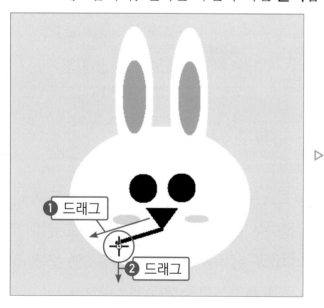

**04** 같은 방법으로 **오른쪽과 아래쪽에도 곡선을** 그립니다.

**05** [홈] 탭-[도형] 그룹에서 [타원(◯)]을 클릭한 후 [윤곽선]은 [윤곽선 없음]으로 설정합니다.
[색] 그룹에서 [색2]를 클릭하고 색상표에서 [흰색]을 선택합니다. 토끼 얼굴 아래에서 작업
창 바깥까지 **드래그**하여 작업 창에는 반원 정도만 보이게 몸통을 그린 후 **빈 공간을 클릭**합
니다.

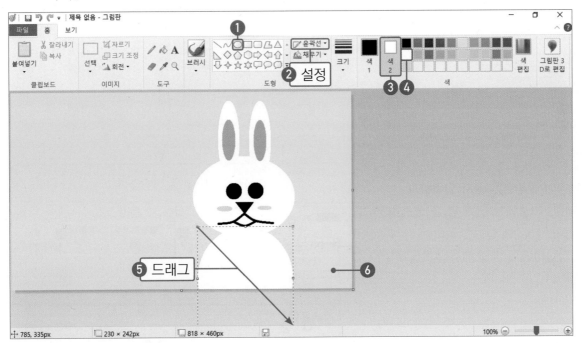

## ▶ 배경이 투명한 글자 입력하기

**01** 글자를 입력하기 위해 [홈] 탭–[도구] 그룹에서 [텍스트(A)]를 클릭합니다.

**02** 작업 창에 드래그하여 텍스트 입력 상자를 크게 삽입한 후 [텍스트 도구]–[텍스트] 탭–[글꼴] 그룹에서 [글꼴 패밀리]는 '휴먼매직체', [글꼴 크기]는 '46'으로 설정하고, [배경] 그룹에서 [투명]을 클릭합니다. '생일'이라고 입력한 후 Enter 키를 누르고 '축하합니다'를 입력합니다.

<br>

**배경이 불투명한 글자 입력하기**

[배경] 그룹에서 [불투명]을 클릭한 후 입력하면 [색2]에 설정한 색이 글자 배경으로 나타납니다. 글자의 배경색이 필요할 때 설정하여 입력합니다.

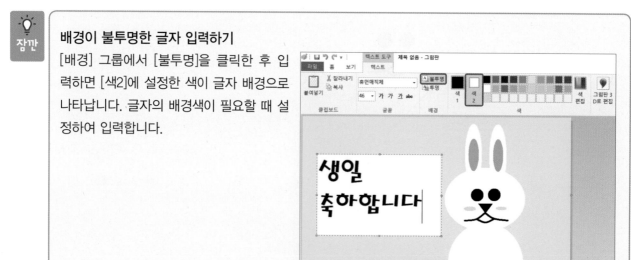

## ▶ 여러 도구로 꾸미고 저장하기

**01** [홈] 탭-[도형] 그룹에서 [4각별(✦)]을 클릭합니다. [색2]의 색이 '흰색'인 상태에서 드래그합니다.

**02** 다시 드래그하여 작업 창에 크고 작은 4각별을 여러 개 그립니다.

**03** [홈] 탭-[도형] 그룹에서 [5각별(☆)]을 클릭합니다. [색] 그룹의 색상표에서 [라임]을 선택하고 드래그합니다.

**04** 다시 드래그하여 작업 창에서 크고 작은 5각별을 여러 개 그립니다.

**05** [홈] 탭-[도형] 그룹에서 ⬛(자세히)를 클릭한 후 [하트(♡)]를 선택합니다. [색] 그룹의 색상표에서 [주황]을 선택한 후 드래그합니다. 다시 드래그하여 작업 창에 작은 하트를 그립니다.

**06** 작품을 완성하였으면 [파일]-[저장]을 선택합니다. [다른 이름으로 저장] 대화상자가 나타나면 저장 위치를 설정하고 [파일 이름]은 '생일'로 입력합니다. [파일 형식]은 ☑를 클릭하여 'PNG(*.png)'로 선택한 후 [저장] 버튼을 클릭합니다.

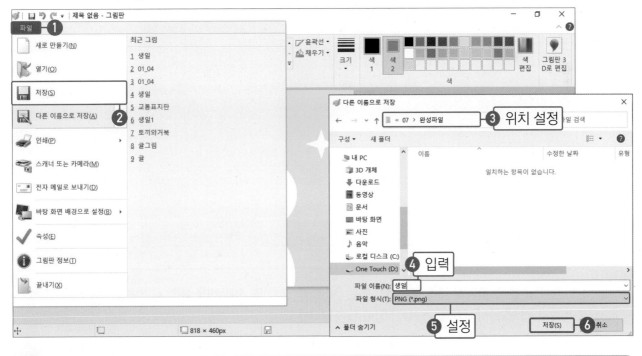

💡 **잠깐**

그림판에서는 BMP, JPEG, GIF, TIFF, PNG, HEIC 등의 다양한 그림 형식으로 저장할 수 있습니다.

**07** [그림판] 창의 ⊠(닫기) 버튼을 클릭하여 창을 닫습니다.

**캡처 및 스케치 다루기**

## ▶ 캡처 및 스케치로 화면 캡처하고 꾸미기

**01** [시작(■)] 버튼-[캡처 및 스케치]를 선택합니다.

**02** '캡처 및 스케치' 앱이 실행되면 [새 캡처]를 클릭합니다.

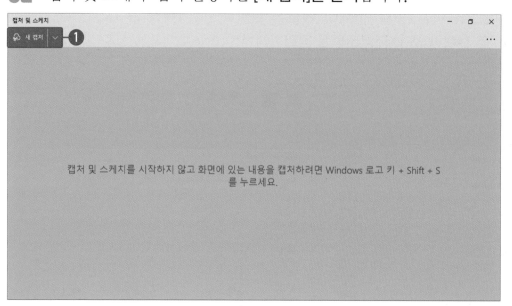

 [새 캡처]의 ■를 클릭해 [3초 후 캡처] 또는 [10초 후 캡처]를 선택하면 설정 시간 후에 자동으로 캡처되어 [캡처 및 스케치] 창에 나타납니다.

**03** 캡처 도구에서 (사각형 캡처)로 설정한 후 캡처할 곳을 드래그하여 캡처합니다.

💡 **잠깐**

**용도에 맞게 캡처 도구 선택하기**

• 🔵(자유형 캡처) : 캡처할 화면 위에서 원하는 모양이 되도록 드래그한 후 누르고 있는 마우스 버튼에서 손가락을 떼면 바로 캡처됩니다.

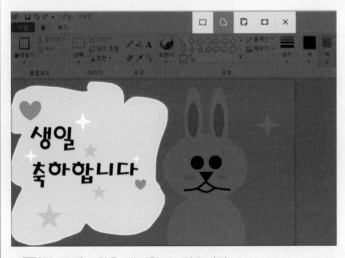

• 🔲(창 캡처) : 창을 캡처할 수 있습니다.
• 🔳(전체 화면 캡처) : 전체 화면을 캡처할 수 있습니다.

💡 **잠깐**

캡처 및 스케치를 실행하지 않고 단축키 ⊞ + Shift + S 를 누르면 캡처 도구가 나타납니다. 캡처하면 클립보드에 캡처가 저장되었다는 알림 센터 메시지가 나타납니다. 이때 화면을 클릭하면 캡처 및 스케치가 실행되면서 캡처한 이미지가 나타납니다.

**04** [캡처 및 스케치] 창이 나타나며 캡처 이미지가 표시됩니다. 도구 모음에서 ✏️(눈금자)를 클릭한 후 드래그하여 눈금자의 위치를 조정합니다. ▽(형광펜)을 클릭하고 **색과 크기를 설정**합니다. **눈금자 위를 드래그**하면 형광펜이 직선으로 똑바로 그려집니다.

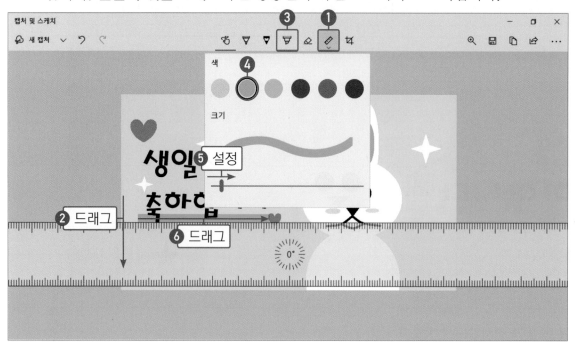

**05** 같은 방법으로 '생일' 아래도 형광펜 도구로 드래그한 후 ✏️(눈금자)를 클릭하여 눈금자를 숨깁니다. 캡처 화면을 저장하기 위해 🖫(다른 이름으로 저장)을 클릭합니다.

 ▽(볼펜)이나 ▽(연필)도 원하는 색과 크기를 지정하여 캡처 화면에 스케치할 수 있습니다. 화면에 스케치한 부분을 지우려면 🖉(지우개)를 클릭한 후 [모든 잉크 지우기]를 선택합니다

**06** [다른 이름으로 저장] 대화상자가 나타나면 **저장 위치와 파일 형식을 선택**(PNG, JPG, GIF)하고 **파일 이름을 입력**한 후 **[저장] 버튼을 클릭**해 저장합니다.

**01** 그림판에서 다음처럼 교통 표지판을 만들어 봅니다.

- 창 크기 : 1000×500px
- 화살표, 사각형 : 검정
- 타원, 선 : 빨강
- 글자 : HY견고딕, 28pt

**02** '시대교육(www.sdedu.co.kr/book)' 사이트에 접속하여 로고 부분만 사각형 캡처하여 다음처럼 꾸미고 저장해 봅니다.

- 도구 : 볼펜
- 색상 : 부드러운 분홍
- 크기 : 3px
- 저장 : 로고.gif

 힌트 작업 표시줄의 검색 상자에 '시대교육' 입력 → 검색 목록 중 [검색 결과 더 보기]를 클릭 → 검색 결과에서 해당 사이트 선택 → ⊞ + Shift + S 키 → 캡처 도구에서 ▭(사각형 캡처) 선택 → 캡처할 부분 드래그 → 알림 센터의 캡처 화면 클릭 → [캡처 및 스케치] 창에서 꾸미기

 **파일 및 폴더 정리하기**

- 파일과 폴더
- 파일 탐색기의 화면 구성
- 폴더 옵션 변경
- 파일이나 폴더 검색
- 새 폴더 생성
- 이동/복사/삭제
- 휴지통

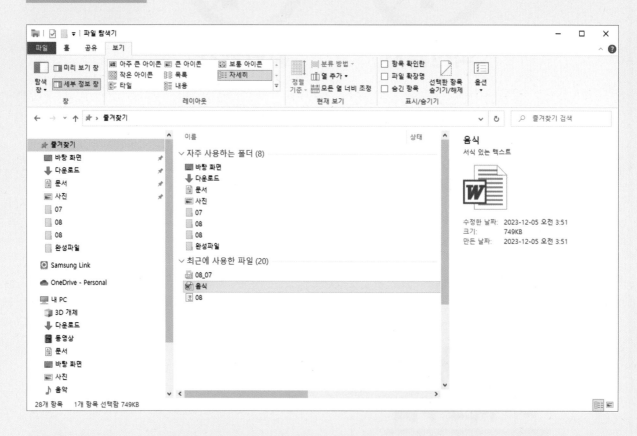

파일은 데이터의 집합으로, 앱(프로그램)에 따라 여러 종류의 파일들이 생성됩니다. 이번

장에서는 폴더를 통해 파일을 정리하는 방법과 파일 탐색기를 통해 파일을 탐색하는 방법

을 알아보겠습니다. 파일이나 폴더를 이동, 복사, 삭제하고, 삭제한 파일이나 폴더를 복원

하는 방법도 함께 알아보겠습니다.

## ▶ 파일

파일은 데이터의 집합으로서 보조 기억 장치에 저장됩니다. 파일의 종류는 문서, 음악, 사진, 동영상 등으로 다양하며, 연결 앱(프로그램)에 따라 다른 아이콘으로 표현됩니다.

예

▲ 문서 : .hwp

▲ 문서 : .xlsx

▲ 문서 : .txt

▲ 문서 : .pptx

▲ 문서 : .pdf

▲ 압축 : .zip

▲ 압축 : .iso

▲ 음악 : .mp3

▲ 이미지 : .jpg

▲ 동영상 : .mp4

## ▶ 폴더

폴더는 파일이나 다른 폴더를 저장하기 위한 공간으로, 보통 같은 종류의 파일을 찾기 쉽게 정리할 때 사용합니다. 폴더의 아이콘은 노란색 서류철 모양을 하고 있습니다.

예

▲ 빈 폴더

▲ 폴더 안에 폴더

▲ 폴더 안에 문서

▲ 폴더 안에 음악

▲ 폴더 안에 동영상 및 사진

## ▶ 파일 탐색기

파일 탐색기는 파일과 폴더에 대한 많은 정보를 하나의 창에 표시하고 있어 파일을 사용하고 탐색하는 데 유용합니다.

파일 탐색기를 열면 기본적으로 시작 위치가 '즐겨찾기'로 되어 있습니다. '즐겨찾기' 항목에는 [자주 사용하는 폴더]가 제공되어 해당 폴더로 바로 이동할 수 있고, [최근에 사용한 파일]이 제공되어 해당 파일을 바로 실행시킬 수 있습니다.

**잠깐**

사용자 컴퓨터의 윈도우 업데이트 버전에 따라 일부 명칭이 교재와 다를 수 있습니다.
예 즐겨찾기 = 바로 가기

작업 표시줄의 📁(파일 탐색기)를 클릭하거나 [시작(⊞)] 버튼-[Windows 시스템]-[파일 탐색기]를 선택하여 실행합니다.

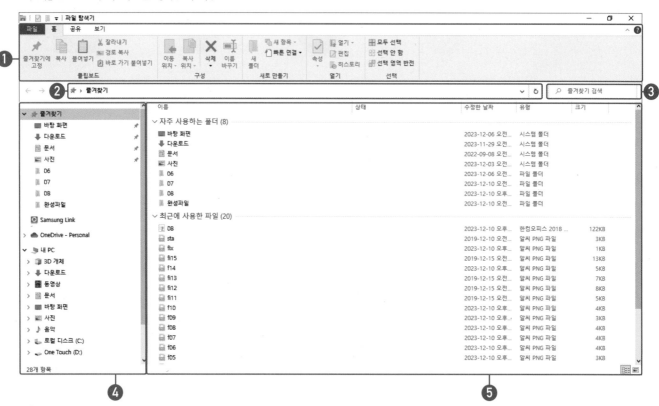

❶ **리본 메뉴** : 연관된 명령들이 각각 그룹으로 묶여 있습니다.

❷ **주소 표시줄** : 현재 사용하거나 사용할 파일이 있는 위치입니다.

❸ **검색** : 파일을 검색할 때 사용하는 곳입니다.

❹ **탐색 창** : 내 컴퓨터에 있는 폴더들을 트리 구조로 보여 주는 곳입니다.

❺ **파일 영역** : 탐색 창에서 선택한 폴더의 내용(하위 폴더, 파일)을 보여 주는 곳입니다.

[파일 탐색기] 창에서 [내 PC]를 클릭하면 연결된 장치 및 드라이브를 알 수 있습니다.

- **드라이브** : 컴퓨터의 보조 기억 장치인 하드디스크나 USB 등의 기록 매체를 작동시켜 주는 장치입니다. PC에서는 주로 디스크 드라이브를 통칭하며, 디스크에 기록된 내용을 컴퓨터 내부로 읽어 들이는 역할을 합니다. 다음 그림의 경우 하드디스크가 'C' 드라이브이고, 추가로 연결된 USB가 'D' 드라이브입니다. 다른 하드디스크나 USB를 컴퓨터에 더 추가하면 그 이후의 알파벳으로 읽히게 됩니다.

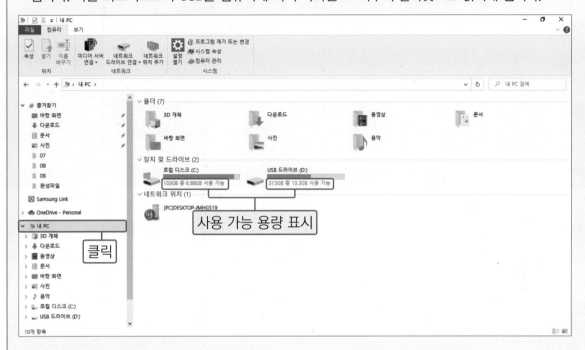

- **USB(Universal Serial Bus)** : 컴퓨터의 USB 단자에 연결하기만 하면 파일을 옮기거나 저장할 수 있는 장치입니다. USB는 배터리도 필요 없고 저장 용량에 따라 많은 양의 정보를 저장할 수 있으며, 휴대도 간편하여 매우 편리합니다.

최대 저장 용량 표시

## ▶ 파일 탐색기 설정하기 – 탐색 창 및 보기 레이아웃 설정

**01** 작업 표시줄의 📁(파일 탐색기) 아이콘을 클릭합니다.

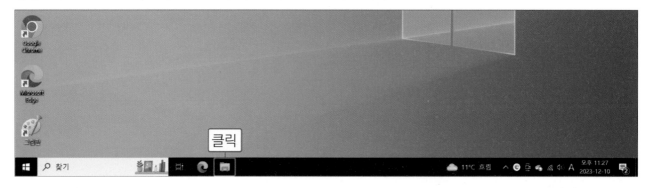

**02** [파일 탐색기] 창이 나타납니다. [보기] 탭-[창] 그룹-[탐색 창]을 클릭한 후 [모든 폴더 표시]를 선택합니다. 탐색 창에 모든 폴더가 표시됩니다.

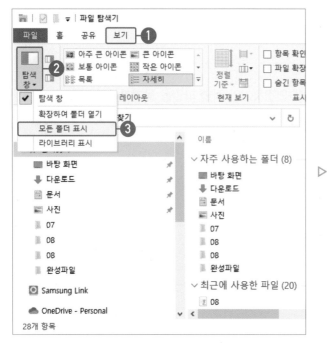

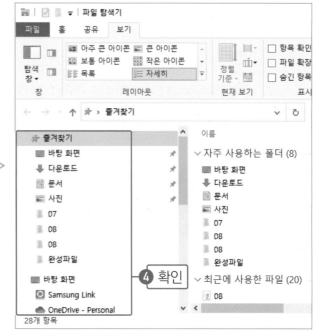

**03** 다시 [보기] 탭-[창] 그룹-[탐색 창]의 [모든 폴더 표시]를 선택합니다.

**04** [보기] 탭-[창] 그룹-[미리 보기 창]을 클릭한 후 임의의 **파일을 선택**합니다. 파일을 열지 않고도 파일의 내용을 확인할 수 있습니다.

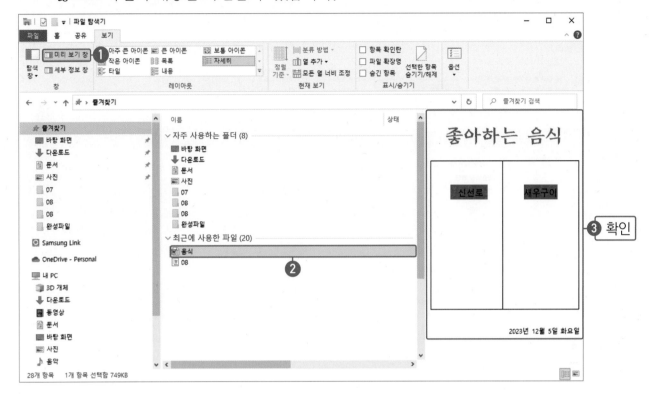

**05** 파일의 세부 정보를 보기 위해 [보기] 탭-[창] 그룹-[세부 정보 창]을 클릭합니다. 파일에 대한 세부 정보를 볼 수 있습니다.

**06** 다시 [보기] 탭-[창] 그룹-[세부 정보 창]을 클릭합니다. 세부 정보가 보이지 않습니다.

**07** [보기] 탭-[레이아웃] 그룹을 살펴보면 [자세히]로 설정되어 있습니다. 이 보기 형태는 파일이나 폴더의 수정한 날짜, 유형, 크기까지 자세히 볼 수 있습니다. 레이아웃 그룹에서 다양한 보기 형태를 설정할 수 있습니다.

 **잠깐**

**보기 설정 메뉴의 종류**

- **아주 큰 아이콘** : 직관적으로 알 수 있듯이 파일 미리 보기가 가능하며, 가장 큰 아이콘으로 표시됩니다.
- **큰 아이콘** : '아주 큰 아이콘'보다 약간 작은 아이콘으로 표시되는 대신 많은 아이콘을 한눈에 볼 수 있습니다.
- **보통 아이콘** : '큰 아이콘'보다 약간 작은 아이콘으로 표시되는 대신 많은 아이콘을 한눈에 볼 수 있습니다. 하지만 미리 보기를 식별하기 좀 어렵습니다.
- **작은 아이콘** : 파일 미리 보기가 지원되지 않으며, 제일 앞에 파일의 대표 아이콘을 표시해 줍니다.
- **목록** : '작은 아이콘'을 목록화하여 보여 주는데, '작은 아이콘'과 큰 차이가 없습니다.
- **자세히** : '목록'에서 파일의 '속성'을 추가하여 보여 줍니다. 윈도우 10의 기본 설정 메뉴입니다.
- **타일** : '보통 아이콘'과 유사하며 추가 정보(파일 유형, 파일 크기)를 좀 더 보여 주는 형태입니다.
- **내용** : '타일'과 유사하며 추가 정보(파일 유형, 사진 크기, 파일 크기, 수정 날짜 등)를 좀 더 보여 주는 형태입니다.

**08** 파일 탐색기에서 파일의 확장자를 보이게 하기 위해 [보기] 탭-[표시/숨기기] 그룹-[파일 확장명]을 클릭해서 체크합니다. 파일 영역에서 파일들의 확장자를 확인할 수 있습니다.

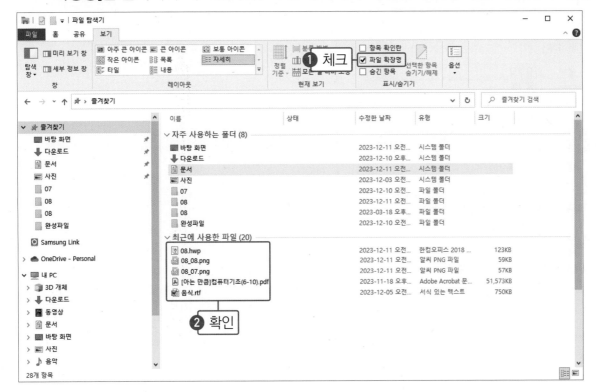

## ▶ 파일 탐색기 설정하기 – 폴더 옵션 변경

**01** 파일 탐색기를 실행하면 시작 위치가 '즐겨찾기'로 되어 있는데, '내 PC'로 시작하려면 폴더 옵션의 설정을 변경해야 합니다. [보기] 탭-[옵션]의 아이콘 부분(▦)을 클릭합니다.

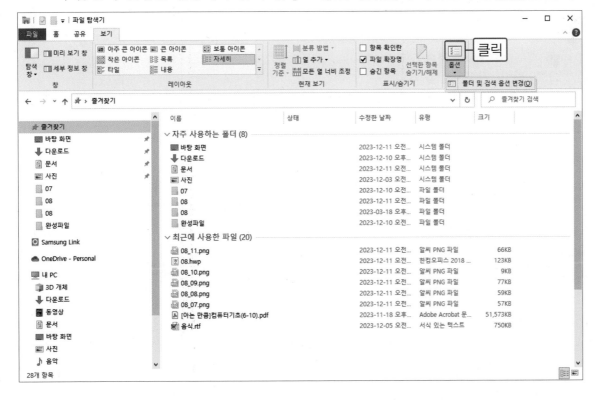

**02** [폴더 옵션] 대화상자가 나타납니다. [일반] 탭의 [파일 탐색기 열기]에 설정되어 있는 '즐겨찾기'를 클릭하여 '내 PC'로 설정을 변경한 후 [확인] 버튼을 클릭합니다.

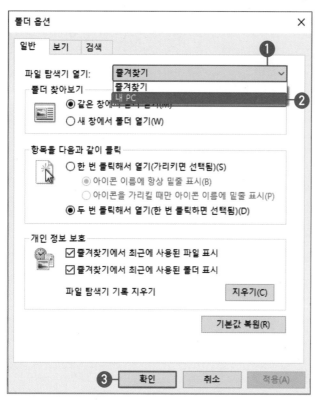

**03** [파일 탐색기] 창의 ⨯(닫기) 버튼을 클릭하여 닫은 후 다시 **작업 표시줄의** 📠(파일 탐색기) 아이콘을 클릭하여 실행합니다. 시작 위치가 '내 PC'로 변경된 것을 확인할 수 있습니다.

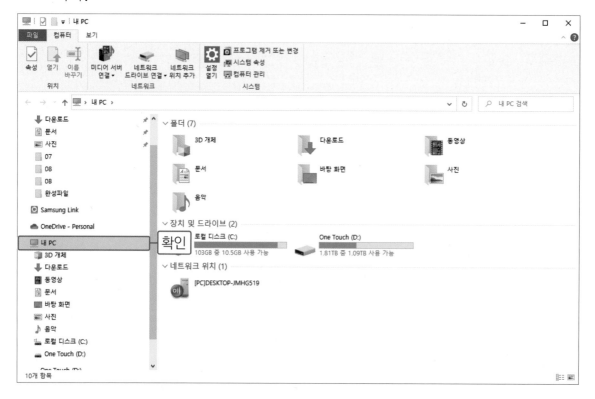

## ▶ 파일이나 폴더 검색하기

**01** [파일 탐색기] 창의 [문서] 폴더 내의 파일이나 폴더를 찾기 위해서 먼저 **탐색 창에서 [문 서]를 선택**합니다. 검색 상자에 **검색어(여기서는 '연락처')를 입력**하면 바로 검색이 시작되고, 검색이 끝나면 검색 결과를 보여 줍니다.

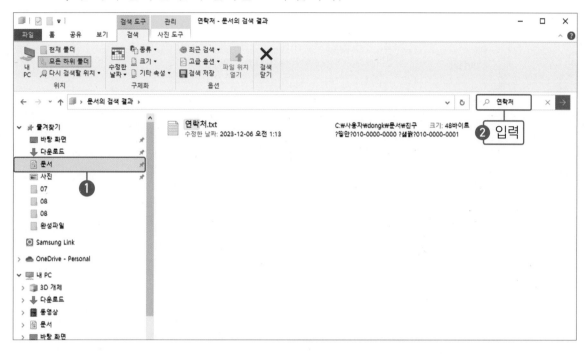

**02** 파일 위치로 이동하기 위해 검색 목록에서 **파일을 선택**한 후 **[검색 도구]-[검색] 탭-[옵션] 그룹-[파일 위치 열기]**를 클릭합니다.

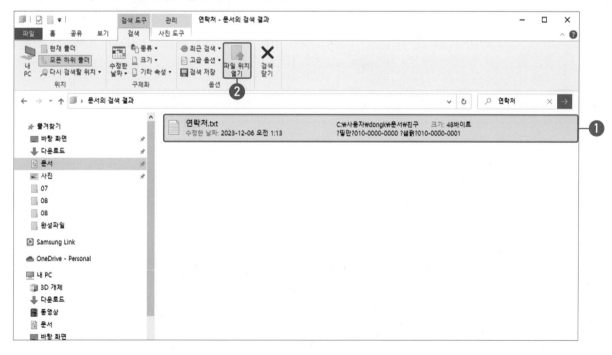

**03** 검색한 파일이 있는 위치로 이동됩니다. 주소 표시줄에서 파일이 어디에 있는지 경로를 확인할 수 있습니다.

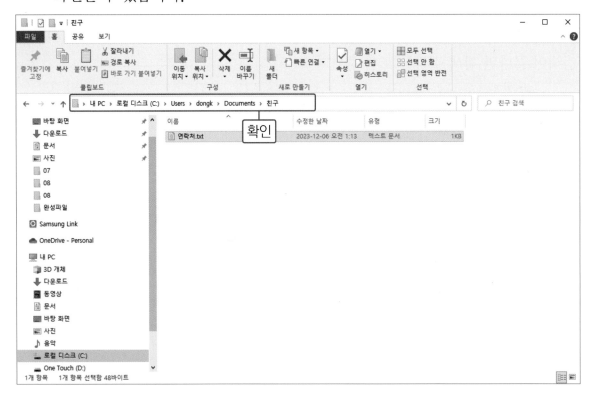

## ▶ 새 폴더 만들기

**01** [파일 탐색기] 창의 **탐색 창**에서 [문서]를 선택한 후 [홈] 탭-[새로 만들기] 그룹-[새 폴더]를 클릭합니다.

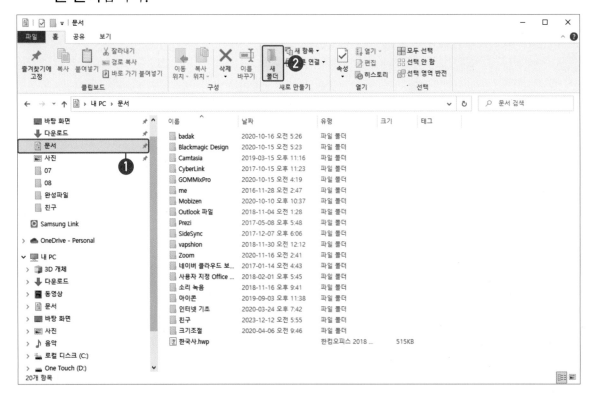

**02** 새 폴더가 만들어지면 폴더 이름을 '**중요문서**'라고 입력한 후 Enter 키를 누릅니다.

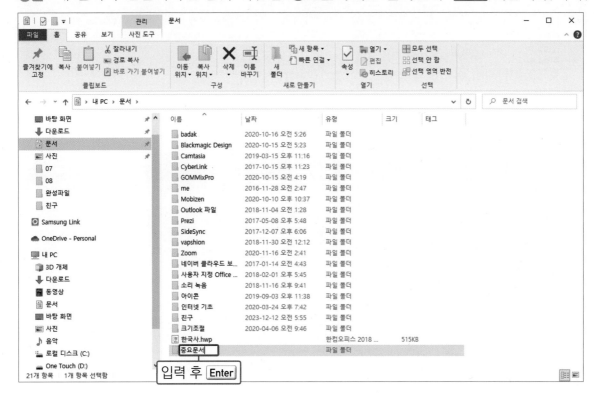

**03** 폴더 이름이 잘못되었다면 **이름을 바꿀 폴더를 선택**한 후 [홈] 탭-[구성] 그룹-[이름 바꾸기]를 클릭합니다.

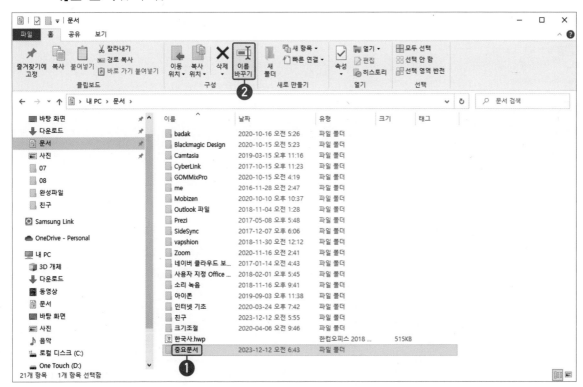

**04** 폴더 이름을 '내문서'라고 입력하고 Enter 키를 누릅니다.

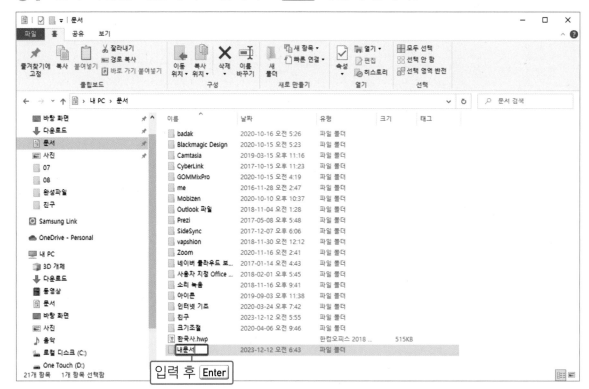

입력 후 Enter

---

잠깐

**마우스 오른쪽 버튼을 클릭하여 새 폴더 만들고 이름 바꾸기**

• **새 폴더 만들기** : [파일 탐색기] 창의 파일 영역에서 마우스 오른쪽 버튼을 클릭한 후 [새로 만들기]–
[폴더]를 선택합니다.

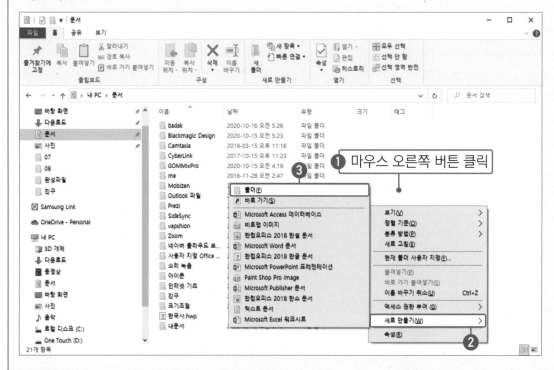

• **이름 바꾸기** : 파일이나 폴더를 선택한 후 마우스 오른쪽 버튼을 클릭하여 [이름 바꾸기]를 선택하면
이름을 바꿀 수 있습니다.

## ▶ 파일이나 폴더 이동/복사하기

**01** [파일 탐색기] 창의 **탐색 창에서 [바탕 화면]을 선택**한 후 이동할 **파일이나 폴더를 선택**합니다. 여러 개를 선택하는 경우 Ctrl 키나 Shift 키를 누른 채 클릭하여 선택(여기서는 '하드웨어.txt'와 '할 일.txt' 파일)합니다. [홈] 탭-[구성] 그룹-[이동 위치]를 클릭한 후 [위치 선택]을 선택합니다.

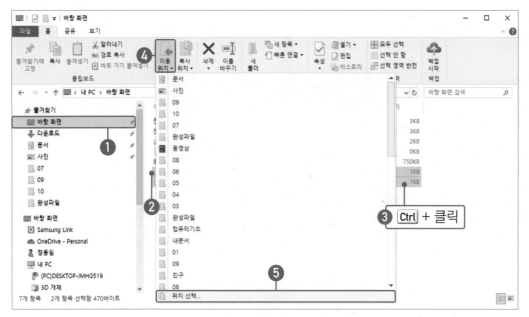

 **잠깐** 연속된 파일이나 폴더를 선택할 때는 시작 위치의 파일이나 폴더를 선택한 후 Shift 키를 누른 채 마지막 위치의 파일이나 폴더를 클릭합니다. 비연속적인 파일이나 폴더는 Ctrl 키를 누른 채 클릭하여 선택합니다.

**02** [항목 이동] 대화상자가 나타나면 **이동할 위치**(여기서는 [문서]-[내문서])를 선택하고 [이동] 버튼을 클릭합니다. 이동시킨 파일이 바탕 화면에서 사라진 것을 확인합니다.

 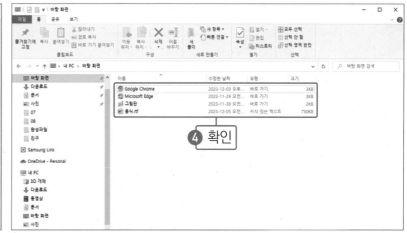

 **잠깐** 먼저 이동하려는 파일이나 폴더를 선택한 후 Ctrl+X 키를 눌러서 잘라내기하고, 계속해서 이동할 위치의 폴더를 더블 클릭하여 연 후 Ctrl+V 키를 눌러 붙여넣기 해도 됩니다.

**03** 탐색 창에서 [문서]를 클릭합니다. [내문서] 폴더의 모양이 문서가 들어 있는 폴더 모양으로 바뀌었습니다. [내문서] 폴더를 더블 클릭하여 이동한 파일(여기서는 '하드웨어.txt'와 '할 일.txt' 파일)을 확인합니다. 다시 탐색 창에서 [문서]를 클릭합니다.

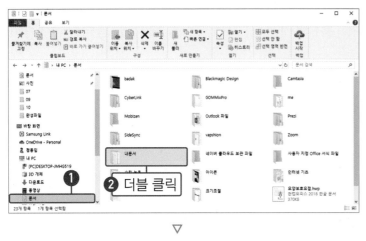

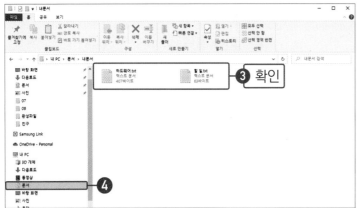

**04** 복사할 파일이나 폴더를 선택(여기서는 [내문서] 폴더)한 후 [홈] 탭-[구성] 그룹-[복사 위치]를 클릭하고 [위치 선택]을 선택합니다. [항목 복사] 대화상자가 나타나면 복사할 위치(여기서는 [바탕 화면])를 선택하고 [복사] 버튼을 클릭합니다.

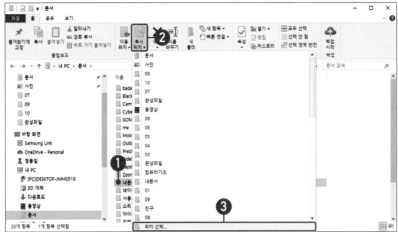 

 먼저 복사할 파일이나 폴더를 선택한 후 Ctrl + C 키를 눌러서 복사하고, 계속해서 복사할 위치의 폴더를 더블 클릭하여 연 후 Ctrl + V 키를 눌러 붙여넣기 해도 됩니다.

**05** 탐색 창에서 [바탕 화면]을 선택합니다. 바탕 화면에 복사된 폴더(여기서는 [내문서] 폴더) 를 확인할 수 있습니다.

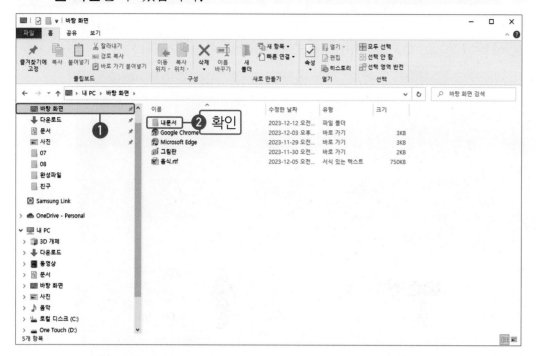

## ▶ 파일이나 폴더 삭제하기

**01** 삭제할 파일이나 폴더를 선택합니다. [홈] 탭-[구성] 그룹-[삭제(<sup>삭제</sup>)]를 클릭한 후 [휴지 통으로 이동]을 선택합니다.

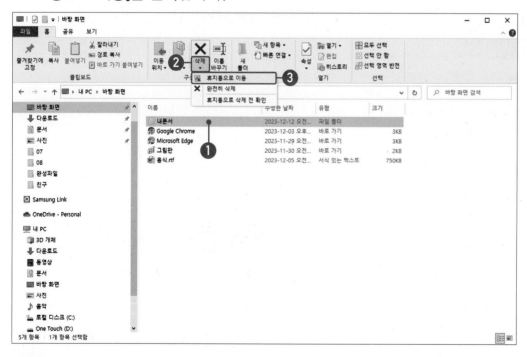

잠깐

• [완전히 삭제]를 선택할 경우 휴지통에서도 다시 복원되지 않으므로 파일이나 폴더를 삭제할 때는 신 중해야 합니다.
• 파일이나 폴더를 선택한 후 Delete 키를 눌러도 삭제됩니다.

**02** 작업 표시줄의 ▌(바탕 화면 보기)를 클릭합니다.

클릭

**03** 바탕 화면으로 이동한 후 🗑️(휴지통) 아이콘을 더블 클릭하여 실행합니다.

더블 클릭

**04** [휴지통] 창이 나타나면 복원할 **파일이나 폴더를 선택**(여기서는 [내문서] 폴더)한 후 [관리]-[휴지통 도구] 탭-[복원] 그룹-[선택한 항목 복원]을 클릭합니다.

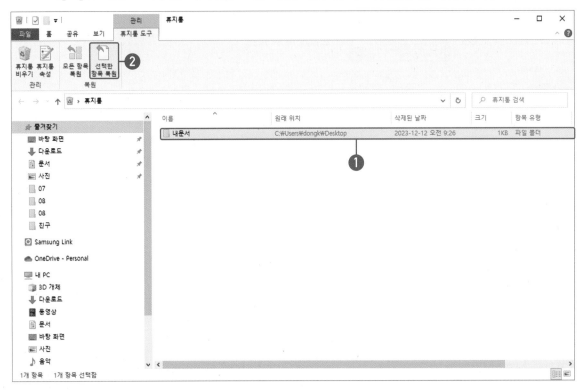

**05** 바탕 화면으로 이동하면 [내문서] 폴더가 복원된 것을 확인할 수 있습니다. 바탕 화면의 ▥ (내문서) 아이콘을 선택한 후 `Delete` 키를 눌러 다시 삭제합니다. ▦(휴지통) 아이콘을 더블 클릭하여 실행합니다.

**06** [휴지통] 창이 나타나면 [관리]–[휴지통 도구] 탭–[관리] 그룹–[휴지통 비우기]를 클릭합니다.

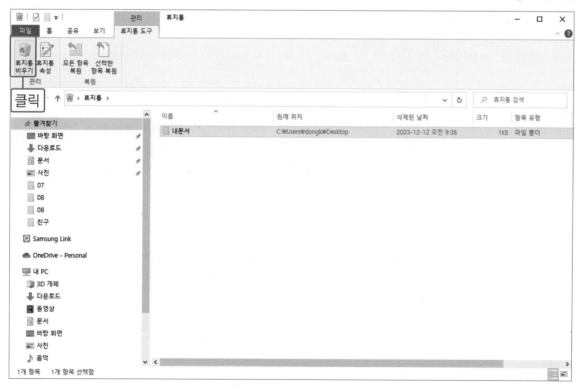

**휴지통 열어보지 않고 비우기**
바탕 화면의 ⬛(휴지통) 아이콘을 마우스 오른쪽 버튼으로 클릭한 후 [휴지통 비우기]를 선택하면 휴지통을 열어보지 않고도 휴지통 안의 모든 파일을 완전히 삭제할 수 있습니다.

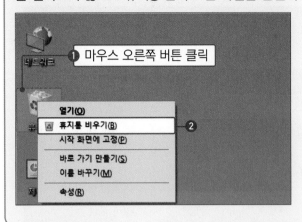

**07** 이 파일(또는 폴더)을 완전히 삭제하겠냐는 메시지가 나타나면 [예] 버튼을 클릭합니다. 휴지통에서 삭제된 파일이나 폴더는 복원되지 않으므로 신중하게 생각해서 삭제해야 합니다.

**[파일 탐색기] 창의 탐색 창에 '휴지통'과 '제어판' 표시하기**
[파일 탐색기] 창의 [보기] 탭–[창] 그룹–[탐색 창]–[모든 폴더 표시]를 선택하면 탐색 창에 [제어판]과 [휴지통]이 표시됩니다. 다른 곳으로 이동하지 않고 바로바로 제어판과 휴지통을 사용할 수 있습니다.

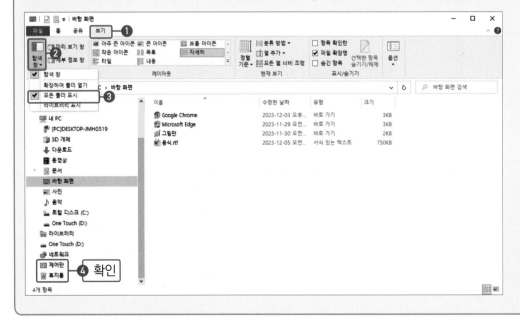

**01** 다음은 어떤 종류의 아이콘인지 연결해 봅니다.

     •                              •   문서

     •                              •   음악

     •                              •   동영상

     •                              •   압축

     •                              •   사진

**02** 파일 탐색기의 즐겨찾기에서 다음처럼 창과 레이아웃을 설정해 봅니다.

| • 창 : 세부 정보 창 | • 레이아웃 : 내용 | • 파일 확장명 : 숨기기 |

**03** 파일 탐색기의 'C 드라이브'에서 검색 상자에 'fonts'라고 입력한 후 검색해 봅니다.

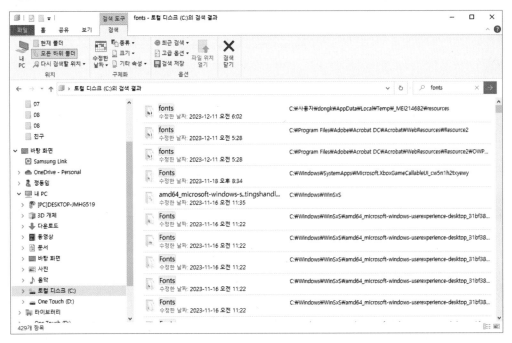

**04** 바탕 화면에 '사람.txt'라는 새로운 텍스트 파일을 만든 후 [다운로드] 폴더로 복사해 봅니다.

# 09 3D 그림 그리기

- 그림판 3D
- 브러시
- 3D 셰이프
- 3D 라이브러리
- 3D 축 핸들 조정
- 스티커, 질감
- 3D 텍스트
- 저장

## 미/리/보/기

그림판 3D는 윈도우 10에서 무료로 제공되는 앱(프로그램)으로, 2D는 물론 3D를 디자인할 수 있습니다. 기능이 단순해서 쉽게 익힐 수 있고, 디자인 경험이 없어도 마이크로소프트사에서 제공하는 모델을 활용하여 3D 작품을 만들 수 있습니다. 그림판 3D에서 입체적인 그림을 그리는 방법을 알아보겠습니다.

**그림판 3D 살펴보기**

### ▶ 그림판 3D의 화면 구성

그림판 3D를 사용하면 2D 및 3D 도구를 쉽게 결합하여 재미있고 창의적인 프로젝트를 만들 수 있습니다. 디자인 경험이 없어도 내장된 3D 라이브러리에서 기존 3D 모델을 불러오면 누구나 쉽게 3D 디자인을 할 수 있습니다.

그림판 3D는 [시작(■)] 버튼-[그림판 3D]를 선택하여 실행합니다.

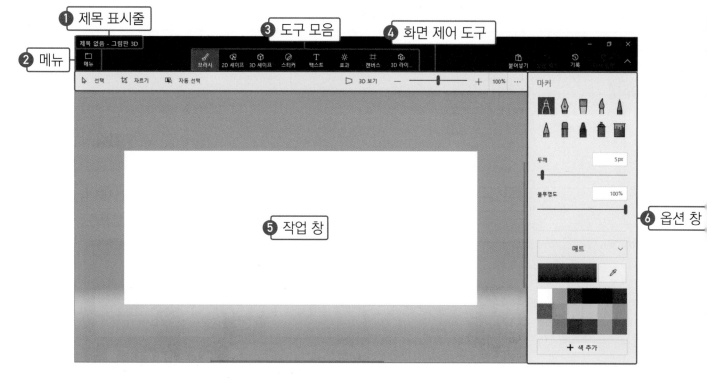

❶ 제목 표시줄 : 프로젝트 파일명이 표시됩니다.

❷ 메뉴 : 파일과 관련된 명령(새로 만들기, 열기, 저장, 인쇄 등)을 한 곳에 묶어 놓은 곳입니다.

❸ 도구 모음 : 작업에 필요한 도구들이 모여 있는 곳입니다.

❹ 화면 제어 도구 : 선택, 자동 선택, 3D 보기, 확대/축소 등의 화면을 제어할 수 있는 도구들이 모여 있습니다.

❺ 작업 창 : 그림을 그리고 편집하는 영역입니다.

❻ 옵션 창 : 도구 모음에서 도구를 선택하면 관련된 세부적인 도구와 요소를 선택할 수 있습니다.

# 그림판 3D 다루기

## ▶ 브러시 도구로 색칠하기

**01** [시작()] 버튼-[그림판 3D]를 선택합니다.

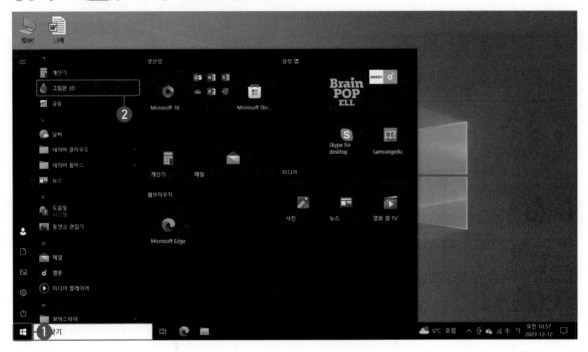

**02** '그림판 3D' 앱이 실행되면 다음과 같이 시작 화면 표시가 나타납니다. [시작 화면 표시]의 체크를 해제한 후 [새로 만들기]를 클릭합니다.

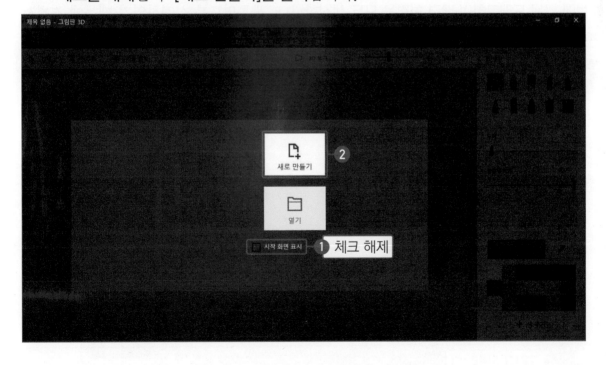

**03** 도구 모음에 [브러시]가 선택되어 있고, 오른쪽 옵션 창에서 다양한 브러시 종류를 확인할 수 있습니다. (마커)가 선택된 상태에서 **[두께]**를 **'50px'**로 설정합니다.

[시작 화면 표시]의 체크를 해제하면 다음에 '그림판 3D' 앱을 실행할 때 **03**의 화면이 바로 나타납니다. 실행할 때 다시 시작 화면 표시부터 나타나게 하려면 [메뉴]–[설정]을 클릭하여 '시작 화면 표시'를 [켬]으로 설정해야 합니다.

**04** **[불투명도]**를 **'40%'**로, **[재질]**은 **'매트'**, 색상표에서 **색상**은 **'옥색'**으로 설정합니다. 작업 창에서 여러 번에 나눠 드래그하여 배경 화면을 모두 색칠합니다. 불투명도를 설정하였기 때문에 겹쳐서 칠한 부분이 나타납니다.

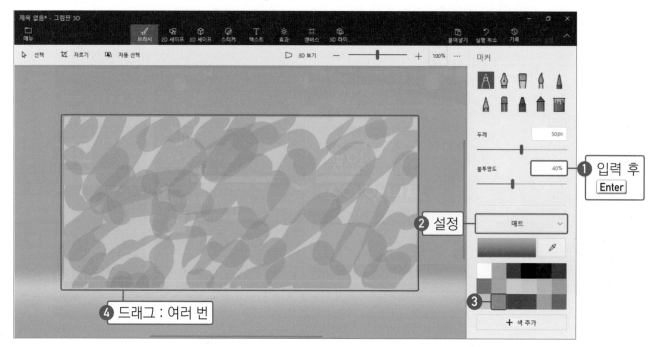

## ▶ 3D 라이브러리를 활용하여 3D 모델 삽입하기

**01** 도구 모음에서 [3D 셰이프]를 클릭한 후 옵션 창에서 [3D 라이브러리 열기] 버튼을 클릭합니다.

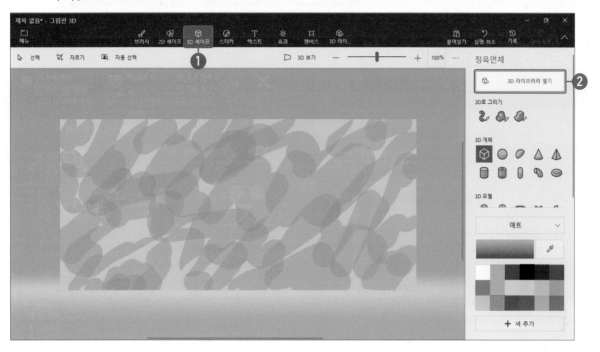

**02** 3D 라이브러리 창이 열리면 검색 상자에 'snowman'이라고 입력한 후 Enter 키를 누릅니다. 검색 목록 중에서 원하는 모델을 선택합니다.

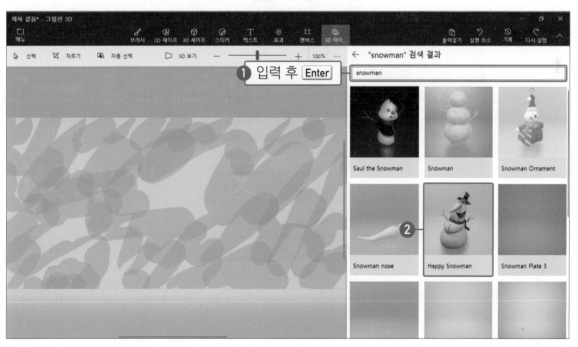

 3D 라이브러리에서는 수천 개의 무료 3D 모델 카탈로그를 제공하고 있습니다. 사전에 선별된 카테고리 중에서 선택하거나 검색 상자를 통해 찾은 3D 모델을 작업 창으로 가져와 바로 사용할 수 있습니다.

**03** [로드 중] 창이 나타난 후 로딩이 완료되면 선택한 모델이 작업 창에 나타납니다. **크기 조절점을 드래그**하여 알맞은 크기로 조정합니다.

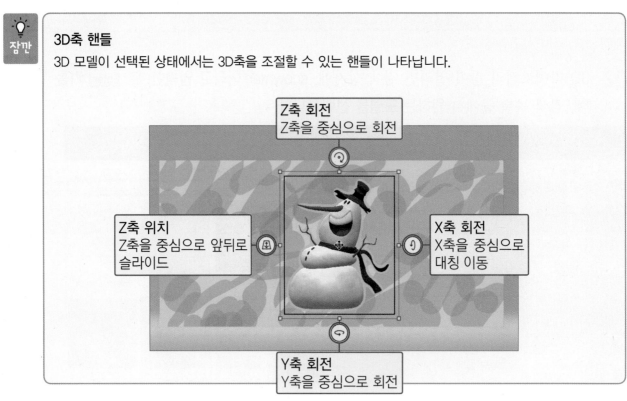

**3D축 핸들**

3D 모델이 선택된 상태에서는 3D축을 조절할 수 있는 핸들이 나타납니다.

**Z축 회전**
Z축을 중심으로 회전

**Z축 위치**
Z축을 중심으로 앞뒤로 슬라이드

**X축 회전**
X축을 중심으로 대칭 이동

**Y축 회전**
Y축을 중심으로 회전

**04** 3D축 핸들에서 ⟲(Y축 회전)을 드래그하여 '23°'로 설정합니다.

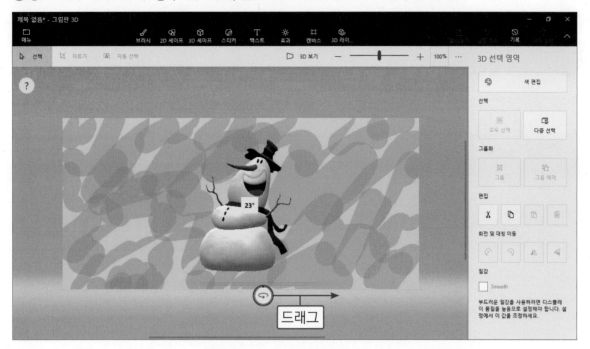

**05** 3D축 핸들에서 ⟲(X축 회전)을 드래그하여 '10°'로 설정합니다.

**06** 눈사람의 가운데로 마우스 포인터를 이동한 후, 마우스 포인터의 모양이 ✛로 바뀌면 **눈사람을 오른쪽 끝으로 드래그**하여 이동합니다.

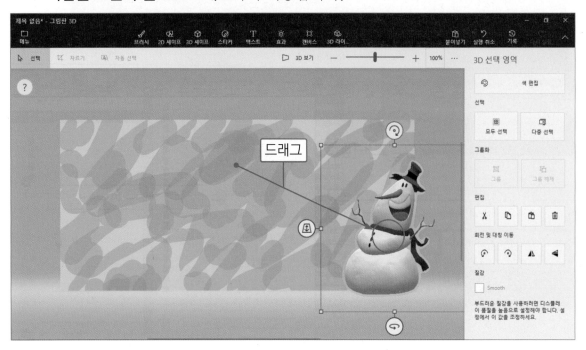

 **3D의 Z축 위치**

3D축 핸들에서 ⓐ(Z축 위치)를 드래그하면 Z축을 중심으로 앞뒤로 이동하는 것을 확인할 수 있습니다.

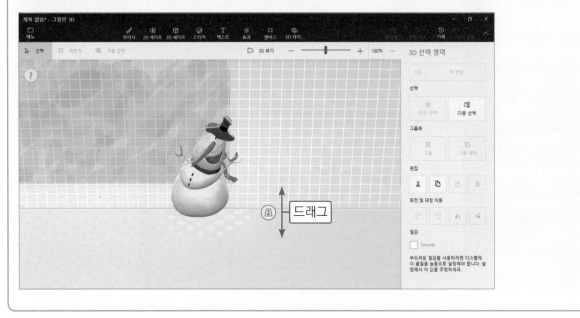

## ▶ 스티커 붙이기

**01** 도구 모음에서 [스티커]를 클릭하고, 옵션 창에서 [스티커(◎)] 탭을 클릭한 후 ⭐(별)을 선택합니다.

**02** 눈사람 가슴 쪽에서 드래그하면 별 스티커가 붙여집니다. 3D 스티커라서 눈사람의 접히는 부분은 스티커도 접혀서 입체적으로 보입니다. 완료하려면 ⊘(커밋)을 클릭합니다.

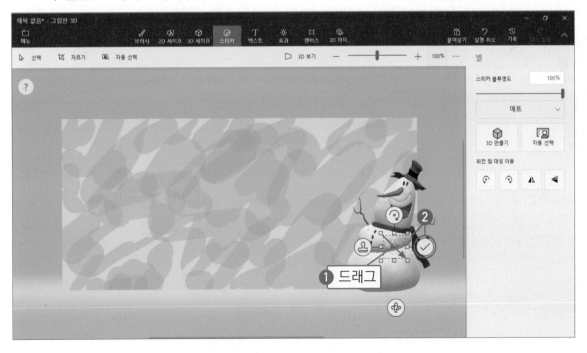

스티커 조절 핸들

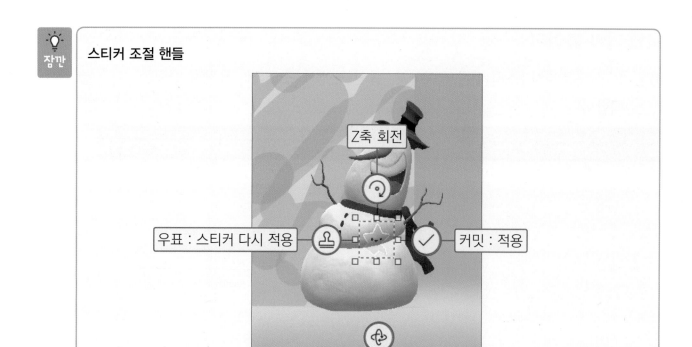

Z축 회전

우표 : 스티커 다시 적용

커밋 : 적용

자유 회전 핸들

## ▶ 텍스트 입력하기

**01** 도구 모음에서 [텍스트]를 클릭하고, 옵션 창에서 🔠(3D 텍스트)를 클릭합니다. 작업 창을 클릭하여 '메리 크리스마스'라고 입력한 후 Ctrl + A 키를 눌러 입력한 텍스트를 모두 선택합니다. 옵션 창에서 [글꼴 선택], [텍스트 크기 변경], [색 선택]을 사용자가 원하는대로 설정(여기서는 'HyPost', '48', '갈색')한 후 텍스트 상자 바깥쪽을 클릭합니다.

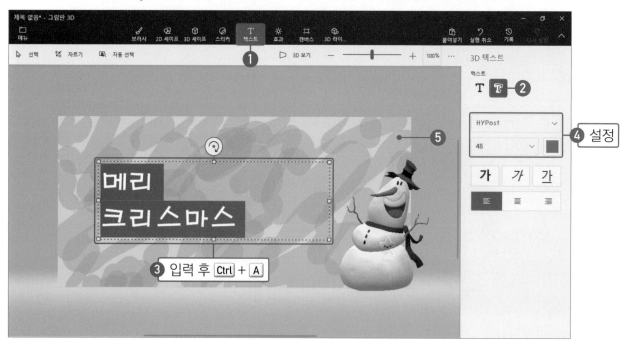

3 입력 후 Ctrl + A

4 설정

**02** 3D 텍스트로 바뀌면서 3D축을 조절할 수 있는 핸들이 나타납니다. 3D축 핸들에서 ◉(Y축 회전)을 드래그하여 '23°'로 설정합니다.

**03** 3D축 핸들에서 ◉(X축 회전)을 드래그하여 '19°'로 설정합니다. 3D 텍스트 회전 작업을 완료하려면 **바깥쪽을 클릭**합니다.

## ▶ 질감 적용하기

**01** 도구 모음에서 [스티커]를 클릭한 후 옵션 창에서 [질감(▦)] 탭을 클릭합니다. ▦(모래)를
선택한 후 질감을 입히고 싶은 텍스트 위에서 드래그하거나 클릭합니다.

**02** 위치나 크기를 조정하여 텍스트에 모래 질감을 입힙니다. 완료하려면 ⊘(커밋)을 클릭합니다.

**03** 도구 모음에서 [3D 셰이프]를 클릭한 후 옵션 창의 [3D 개체]에서 ◯(구형)을 선택합니다. 색상표에서 '흰색'을 선택하고, 작업 창에서 드래그하여 그립니다. 구형이기 때문에 따로 3D 핸들을 조정하지 않아도 됩니다. 같은 방법으로 **크고 작은 구형을 여러 개 삽입**하여 눈처럼 만듭니다.

 3D 개체를 선택하고 [Ctrl]+[C] 키로 복사한 후 [Ctrl]+[V] 키로 붙여넣기를 반복하여 배치할 수도 있습니다.

## ▶ 저장하기

**01** [메뉴]를 클릭한 후 [다른 이름으로 저장]을 선택합니다. [복사본으로 저장]에서 [비디오]를 클릭합니다.

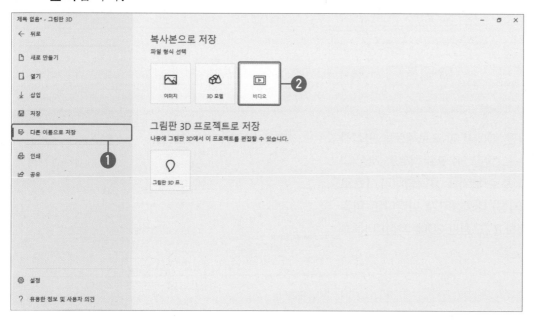

**02** 애니메이션을 추가해 보겠습니다. [다른 형식으로 저장]에서 파일 형식은 'MP4(비디오)' 로, [애니메이션]에서는 ⬡(떠오름)을 선택합니다. [저장] 버튼을 클릭합니다.

**03** [다른 이름으로 저장] 대화상자가 나타나면 **저장 위치를 설정**하고, 파일 이름은 **'눈사람'**으 로 **입력**한 후 [저장] 버튼을 클릭합니다.

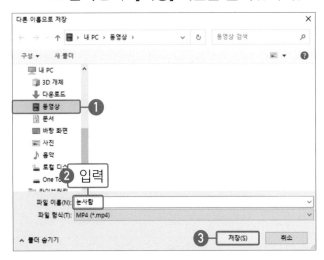

 나중에 그림판 3D에서 이 프로젝트를 편집하 기 위해서는 [그림판 3D 프로젝트로 저장]의 [그림판 3D 프로젝트]를 클릭합니다. [프로 젝트 이름 지정] 대화상자가 나타나면 파일 이름을 입력하고 [그림판 3D에 저장] 버튼을 클릭합니다.

**01** 다음처럼 배경에 임의의 사진을 불러와 삽입하고, 그 위에 정육면체와 별로 꾸민 후에 '빛.glb'로 저장해 봅니다.

> • **정육면체** : 색(금색), 재질(광택)
> • **별** : 채우기(단색–흰색), 선 종류(없음)
> • **세상의 빛** : 글꼴(HYGothic–Extra), 텍스트 크기(72), 색(주황)
> • **저장** : 3D 모델

> • **배경** : [메뉴]–[열기]를 선택 → [파일 찾아보기] 버튼 클릭 → [열기] 대화상자에서 임의의 사진 선택 후 [열기] 버튼 클릭
> • **정육면체** : 도구 모음에서 [3D 셰이프] 클릭 → 옵션 창 : [3D 개체]–[정육면체], 재질은 '광택', 색상표에서 '금색' 선택 → 작업 창에 드래그 → Y축 회전(45°), X축 회전(10°)
> • **별** : 도구 모음에서 [2D 셰이프] 클릭 → 옵션 창 : [2D 셰이프]–[별: 꼭짓점 4개] 클릭 → 작업 창에 드래그 → 옵션 창 : [채우기]–[단색]/[흰색], [선 종류]–[없음] → (우표) 클릭 : 복제 → 크기 및 위치 조정 → (커밋) 클릭
> • **세상의 빛** : 도구 모음에서 [텍스트] 클릭 → 옵션 창 : [2D 텍스트] 클릭, 글꼴 선택(HYGothic–Extra), 텍스트 크기 변경(72), 색 선택(주황) → 작업 창 클릭 → 입력 → 작업 창 빈 공간 클릭

**02** 다음처럼 3D 모델(고양이)과 3D 텍스트(고양이의 꿈)를 만들고, '고양이.mp4'로 저장해 봅니다.

> * 배경 : 연한 회색
> * 고양이 : 색(연한 노랑), 재질(매트), 질감(모피), 스티커(고양이 눈, 혀)
> * 고양이의 꿈 : 글꼴(Segoe UI), 텍스트 크기(48), 색(연한 회색)
> * 저장 : 비디오(애니메이션–제자리돌기)

 힌트

* **배경** : 도구 모음에서 [브러시] 클릭 → 옵션 창 : [채우기] 선택, 색상표에서 '연한 회색' 선택 → 작업 창 클릭
* **3D 모델 작성하기** : 도구 모음에서 [3D 셰이프] 클릭 → 옵션 창 : [3D 모델]–[고양이], 재질은 '매트', 색상표에서 '연한 노랑' 선택 → 작업 창에 드래그 → Y축 회전(54°) → 도구 모음에서 [스티커] 클릭 → 옵션 창 : '고양이 눈' 선택 → 작업 창의 고양이 얼굴에 드래그 : 왼쪽 눈 작성 → 🔘(우표) 클릭 : 복제(오른쪽 눈 작성) → 옵션 창 : [회전 및 대칭 이동]–[좌우 대칭] 선택 → 작업 창의 스티커 드래그(위치 이동) → 옵션 창 : '혀' 선택 → 작업 창의 고양이 얼굴에 드래그 → 옵션 창 : [재질] 탭 클릭 → [질감]–[모피] 선택 → 고양이 몸통 드래그 → 크기 조절점으로 질감 적용 범위 지정 → ⊘(커밋) 클릭
* **고양이의 꿈** : 도구 모음에서 [텍스트] 클릭 → 옵션 창 : [3D 텍스트] 클릭, 글꼴 선택(Segoe UI), 텍스트 크기 변경(48), 색 선택(연한 회색) → 작업 창 클릭 → 입력 → 작업 창 빈 공간 클릭 → 3D 텍스트 축 조절 : Y축 회전(30°), X축 회전(15°)

# 10 윈도우 고수로 가는 길!

- 기본 앱 설정
- 컴퓨터 정보
- 저장 공간
- 저장소 센스

## 미/리/보/기

윈도우 10에는 멋지고 유용한 기능들이 많지만 몰라서 사용하지 못하는 경우가 많습니다. 컴퓨터를 사용하는 사용자가 간편함을 취하고 시간을 절약하기 위해서 알아 두면 좋은 기능들과 내 컴퓨터가 어떤 장치로 구성되어 있는지 알아보는 방법 등을 살펴보겠습니다.

# 01 윈도우 고급 기능 살펴보기

## ▶ ⊞ 키를 활용한 바로 가기 키

알아 두면 편리한 몇 가지 바로 가기 키에 대해 알아보겠습니다.

❶ ⊞ + I

[설정] 창의 설정 화면을 표시합니다. [설정] 창에서는 디스플레이의 해상도, 배경 화면, 색상, 테마 등을 설정할 수 있습니다. 사진이나 동영상을 실행할 때 사용자가 사용하기 좋은 앱으로 기본 설정을 할 수도 있습니다. 컴퓨터 정보 등을 볼 수 있고, 사용자에 맞게 여러 가지를 설정할 수 있습니다.

❷ ⊞ + S

검색 상자를 열어 줍니다. [모두] 탭에서는 최근 검색한 내용, [앱] 탭에서는 자주 사용하는 앱과 최근 사용한 앱이 표시됩니다. 사용자가 어떤 앱을 선호했는지 알 수 있기 때문에 아이들이 유해한 앱을 사용했는지도 확인하고 관리할 수 있습니다.

**③** ⊞ + X

윈도우 메뉴가 활성화됩니다. 바로 가기 메뉴를 클릭하여 이동할 수 있습니다.

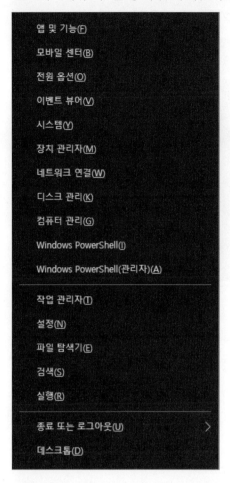

**④** ⊞ + E

[파일 탐색기] 창을 열어 줍니다.

**❺** ⊞ + L

잠금 화면으로 전환합니다. 생활을 하다 보면 작업하는 것을 남들이 보지 못하게 급하게 잠금 화면으로 전환하고 싶을 때가 있을 수 있습니다. 이때 바로 가기 키를 사용하면 편리합니다.

## ▶ 기본 앱

음악, 사진, 영화, 웹 브라우저 등을 실행할 때 기본으로 연결되는 앱(프로그램)이 지정되어 있습니다.

[설정] 창의 [앱]에서 [기본 앱]을 선택하면 설정되어 있는 앱을 다른 앱으로 변경하거나 원래 권장 앱으로 변경할 수 있습니다.

## ▶ 컴퓨터 정보

앱(프로그램)을 설치하다 보면 사용자 컴퓨터에서 제대로 작동할 수 있는지 확인하기 위해 컴퓨터 정보를 확인해야 하는 경우가 있습니다.

현재 사용 중인 컴퓨터의 정보는 [설정] 창의 [시스템]에서 [정보]를 선택하거나 바탕 화면의 🖳(내 PC) 아이콘의 [속성]에 들어가 확인할 수 있습니다.

## ▶ 저장소 센스

저장소 센스를 활용해 주기적으로 불필요한 파일이 제거되도록 설정해 두면 공간을 자동으로 확보해 주기 때문에 편리합니다.

[설정] 창의 [시스템]에서 [저장소]를 선택한 후 [저장소 센스 구성 또는 지금 실행]을 선택합니다. [저장소 센스 구성 또는 지금 실행] 화면에서 저장 공간 센스 실행과 임시 파일을 주기적으로 정리할 수 있게 설정할 수 있습니다.

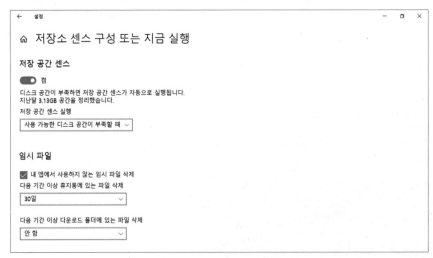

 **잠깐**  사용자 컴퓨터의 윈도우 업데이트 버전에 따라 일부 명칭이 교재와 다를 수 있습니다.
예 저장소 = 저장 공간

## ▶ 기본 앱 확인하기

**01** 사용자 컴퓨터에 있는 보고 싶은 **동영상 파일**을 찾아 더블 클릭합니다.

**02** 기본으로 설정된 앱이 실행됩니다. 여기서는 기본 앱으로 '영화 및 TV' 앱이 설정되어 있습니다. ✖(닫기) 버튼을 클릭하여 종료합니다.

## ▶ 기본 앱 변경하기

**01** [시작(⊞)] 버튼-[설정(⚙)]을 클릭합니다.

**02** [설정] 창이 나타나면 **[앱]을 클릭**합니다.

**03** **[기본 앱]을 선택**한 후 동영상 파일과 연결된 기본 앱을 변경하기 위해 [기본 앱] 화면에서 [비디오 플레이어]에 설정되어 있는 **[영화 및 TV]를 클릭**합니다. 비디오 플레이어 앱 목록이 나타나면 기본 앱으로 설정하고 싶은 **앱을 선택**합니다. 여기서는 '미디어 플레이어'를 선택했습니다.

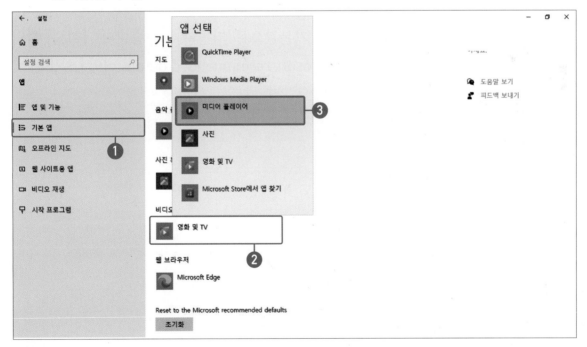

 **잠깐**    사용자 컴퓨터의 환경에 따라 나타나는 앱 목록이 다를 수 있습니다.

**04** 동영상 파일을 실행했던 폴더 창을 다시 엽니다. 동영상의 미리 보기 모습은 거의 비슷합니다. **더블 클릭**하여 실행합니다. '미디어 플레이어' 앱으로 실행되는 것을 확인할 수 있습니다. ▣(닫기) 버튼을 클릭해 종료합니다.

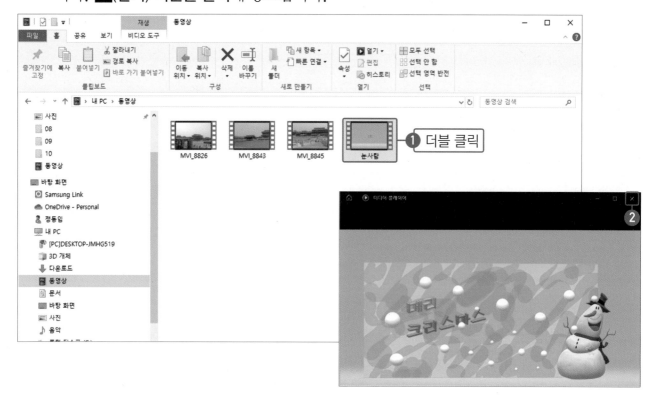

## ▶ 기본 앱 초기화하기

**01** 변경했던 기본 앱 설정 값을 원래의 권장 기본값으로 되돌려 보겠습니다. **[설정]** 창의 **[앱]–[기본 앱]** 화면에서 **[Reset to the Microsoft recommended defaults]**의 **[초기화]** 버튼을 클릭합니다.

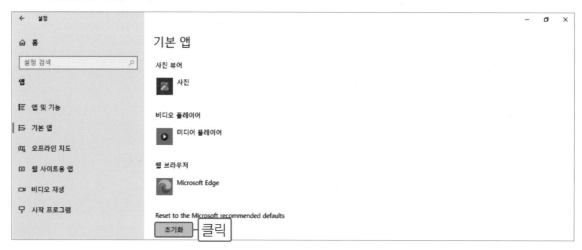

사용자 컴퓨터의 업데이트 버전에 따라 일부 내용이 교재와 다를 수 있습니다.
[Reset to the Microsoft recommended defaults] = Microsoft 권장 기본값으로 초기화

**02** Microsoft 권장 앱으로 변경된 것을 확인합니다. ⊠(닫기) 버튼을 클릭해 [설정] 창을 닫습니다.

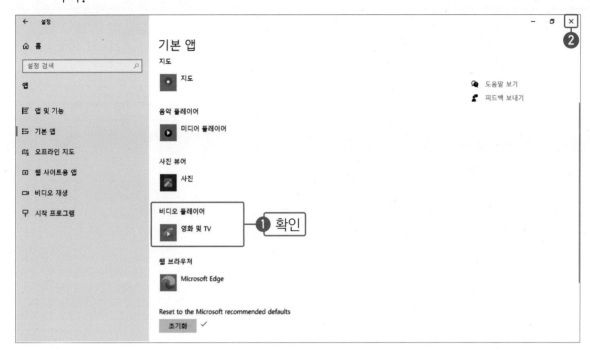

**파일 형식별 기본 앱 선택**

[기본 앱] 화면에서 [파일 형식별 기본 앱 선택]을 클릭합니다. 화면이 변경되면 변경할 파일 형식의 현재 기본 앱을 클릭한 후 [앱 선택]에서 변경할 앱을 선택합니다.

# 03 내 컴퓨터 사양 확인하기

## ▶ [설정] 창에서 컴퓨터 정보 보기

**01** [시작(⊞)] 버튼-[설정(⚙)]을 클릭합니다. [설정] 창이 나타나면 [시스템]을 클릭합니다.

**02** [정보]를 선택합니다. 설치된 RAM 용량, 제품 ID, 시스템 종류 등을 확인할 수 있습니다.

**03** 상하 막대를 내리면 [Windows 사양]에서 Windows의 버전, 설치 날짜, 일련 번호 등을 확인할 수 있습니다.

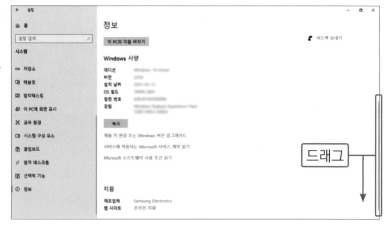

**04** ✕(닫기) 버튼을 클릭해 [설정] 창을 닫습니다.

## ▶ 내 PC 속성으로 컴퓨터 정보 보기

**01** 바탕 화면의 🖳(내 PC) 아이콘을 마우스 오른쪽 버튼으로 클릭한 후 [속성]을 선택합니다.

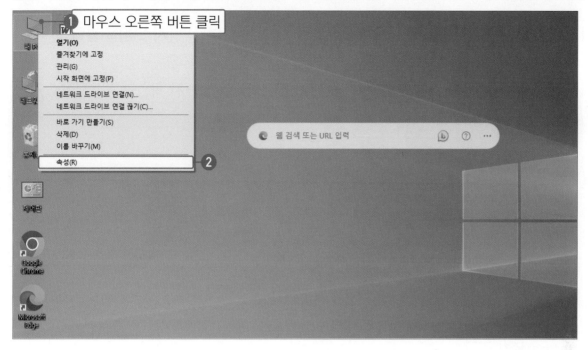

**02** [시스템] 창의 정보 화면이 나타납니다. 컴퓨터에 대한 기본 정보를 볼 수 있습니다.

**03** ☒(닫기) 버튼을 클릭해 [시스템] 창을 닫습니다.

# 저장소에서 불필요한 파일 정리하기

**01** [시작(▦)] 버튼-[설정(⚙)]을 클릭합니다. [설정] 창이 나타나면 [시스템]을 클릭합니다.

**02** [저장소]를 선택합니다. 저장소 센스가 '켬'으로 활성화되어 있는지 확인한 후 [저장소 센스 구성 또는 지금 실행]을 클릭합니다.

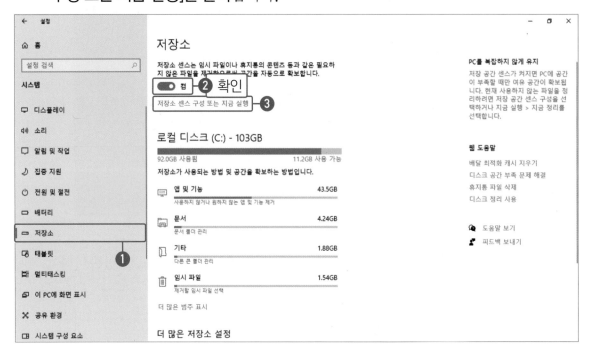

**03** [저장소 센스 구성 또는 지금 실행] 화면에서 디스크 공간이 부족할 때 자동으로 실행되어 공간을 확보할 수 있도록 '사용 가능한 디스크 공간이 부족할 때'로 설정합니다.

**04** '내 앱에서 사용하지 않는 임시 파일 삭제'를 체크하면 휴지통과 다운로드 폴더의 파일을 기간을 설정하여 자동 삭제할 수 있습니다. **휴지통 보관 기간은 '30일'로 설정**하고, 다운로드 폴더의 파일은 직접 확인한 후 삭제할 수 있게 '안 함'으로 설정합니다.

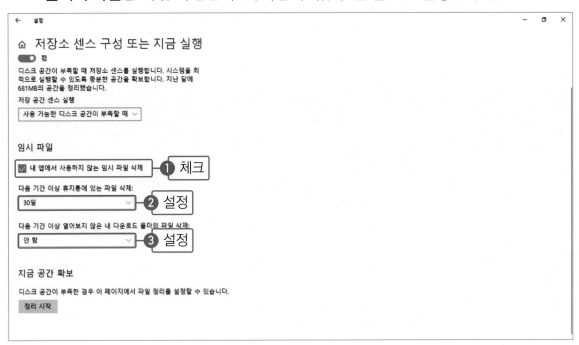

**05** [지금 공간 확보]의 [정리 시작] 버튼을 클릭하여 파일을 정리합니다. 불필요한 파일이 정리되며 확보된 디스크 공간이 표시됩니다.

**06** ☒(닫기) 버튼을 클릭해 [설정] 창을 닫습니다.

**01** 현재 음악 파일의 기본 앱이 '미디어 플레이어'로 되어 있는데, 음악 파일 중 mp3만 'Windows Media Player'로 변경해 봅니다.

▽

**02** 다음처럼 저장소 센스를 설정해서 공간을 확보해 봅니다.

- 저장 공간 센스를 매월 실행
- 휴지통에 있는 파일을 14일마다 삭제
- 다운로드 폴더에 있는 파일을 30일마다 삭제

할 수 있다!
# 컴퓨터 기초 (Windows 10)

| | |
|---|---|
| 초 판 2 쇄 발 행 | 2024년 09월 05일 |
| 초 판 발 행 | 2024년 01월 25일 |
| 발 행 인 | 박영일 |
| 책 임 편 집 | 이해욱 |
| 저 자 | 정동임 |
| 편 집 진 행 | 윤은숙 |
| 표 지 디 자 인 | 김도연 |
| 편 집 디 자 인 | 김지현, 김세연 |
| 발 행 처 | 시대인 |
| 공 급 처 | (주)시대고시기획 |
| 출 판 등 록 | 제 10-1521호 |
| 주 소 | 서울시 마포구 큰우물로 75 [도화동 538 성지 B/D] 6F |
| 전 화 | 1600-3600 |
| 홈 페 이 지 | www.sdedu.co.kr |

| | |
|---|---|
| I S B N | 979-11-383-6582-6 (13000) |
| 정 가 | 12,000원 |

시대인은 종합교육그룹 (주)시대고시기획 · 시대교육의 단행본 브랜드입니다.